마음 놀이

心 靈 游 戱

마음 놀이

心 靈 游 戲

내 마음의 주인이 되는
일곱 가지 심리치유 프로젝트

비수민畢淑敏 지음 | 조성웅 옮김

이랑
BOOKS

| 차례 |

놀이로 풀어보는 내 마음의 수수께끼

이집트 국립박물관에는 이상한 전시품이 하나 있다. 정교하고 아름답게 조각한 백옥 상자인데, 우리가 흔히 쓰는 서랍과 비슷한 크기이다. 상자 안에 있는 십자형의 옥 울타리가 공간을 네 칸으로 깔끔하게 나누어놓은 이 옥 상자는 파라오의 미라 옆에서 발견되었다. 발견 당시 상자 안에는 아무것도 없었지만 놓인 자리로 보아 중요한 물건인 것이 분명했다. 도대체 무슨 물건을 넣는 용도로 사용했을까? 왜 그곳에 놓여 있었을까? 심오한 의미라도 있는 것일까? 아주 오랫동안 고고학자들이 궁리했지만 아무도 이 미스터리를 풀지 못했다. 뒷날 이집트 중부 룩소르 왕가의 계곡에 있는 한 여왕의 묘실에서 벽화가 발견되고 나서야 옥 상자의 미스터리가 풀렸다.

여왕의 묘실에서 발견된 벽화에는 거대한 천평칭天平秤을 조작하고 있는 위엄 있는 한 남자가 그려져 있었다. 그가 사용하는 천평칭 한쪽에는 저울추가, 다른 한쪽에는 온전한 모습의 마음(심장)이 놓여 있었고, 문제의 옥 상자가 바로 옆에 놓여 있었다. 그림으로 미루어보건대 옥 상자는 마음을 넣어두는 상자임이 분명했다. 이집트 고대 신화에는 지고무상의 한 아름다운 여성이 등장한다. 그녀는 '즐거움의 여신'이라고 불렸고, 그녀의 남편은 사소한 것까지 밝고 세심하게 살피는 법관이자 죽은 사람의 마음의 무게를 재는 사람이었다. 즐거운 사람은 마음의 무게가 가벼웠기 때문에 법관은 깃털처럼 가벼운 그 영혼을 천국으로 안내하는 역할을 맡았다. 반대로 무거운 마음에는 수많은 죄악과 번뇌로 인해 주름이 잔뜩 새겨져 있어서 법관은 그런 영혼에게는 영원히 햇빛을 볼 수 없는 지옥행 판결을 내렸다.

사람의 영혼을 놓아두는 옥 상자와 영혼의 무게를 재는 법관의 이야기를 듣고 난 후 나는 늘 내 마음이 가벼운지 무거운지 살펴보고 걱정하는 버릇이 생겼다. 숨이 끊기고 관 뚜껑이 덮이고 나면 아무리 내 마음을 고치고 싶어도 손을 쓸 수 없을 것이다. 그때부터 나는 웃으면서 노력할 수 있을 때, 살아 있는 동안 내 마음을 살피고 영혼의 무게를 가볍게 하고 싶다는 생각을 하기 시작했다. 다음 세상에 천국에 가기 위해서가 아니라 지금 이 순간을 즐겁고 행복하게 보내기 위해서였다.

마음에 묵은 먼지가 덮이면 깊은 가을 밤비 맞은 도롱이처럼 축축하게 젖은 채 처지고 말 것이다. 어떻게 해야 마음에 난 상처를 치유하고 마음을 다시 밝힐 수 있을까? 어떻게 해야 내 마음을 그 옛날의 명신 비간(比干, 상나라의 현인. 주왕이 폭정을 하자 간언하다가 살해되었음-옮긴이)의 마음처럼 충성스럽고 정직하게, 그러나 비극적인 운명은 맞지 않도록 할 수 있을까? 그러기 위해서는 내 마음 상태가 어떠한지 먼저 정직하게 들여다보고, 그 뒤에 상처 난 마음을 치유해야 하지 않을까?

　중국에는 이런 말이 있다. "적을 알고 나를 알면 백번 싸워도 지지 않는다." 그래서 나는 내 마음 상태를 파악할 수 있는 간단한 마음 놀이를 만들어보기로 했다. 놀이를 만드는 과정에서 나도 모르게 마음속 깊은 곳에 넙죽 엎드려 있던 암초를 건드리기도 했고 어지럽게 널린 산호와 빠르게 헤엄치는 상어를 보기도 했다. 마음 놀이를 하나씩 완성해 나가면서 나는 내 마음에 대해 많은 것들을 생각하게 되었고, 나에 대해 놀랄 만큼 많은 것을 알고 이해하게 되었다. 그것은 마치 손으로 내 가슴을 더듬어서 온기를 발산하는 심장박동을 느끼는 것과도 같았다. 놀이를 하는 과정에서 흘렸던 눈물은 나의 보석이 되었고, 놀이를 끝낼 때마다 웃었던 웃음은 이제는 내 일상의 습관이 되었다. 놀이가 끝난 후 이어진 긴 사색은 여러 차례에 걸쳐 번잡한 세상 속에서 내가 나아갈 방향을 정하고 묵묵히 정진할 수 있도록 도와주었다.

두뇌에서 대뇌피질은 5퍼센트도 활용하지 못한다고 하는데, 그렇다면 나머지 거대한 공간은 제대로 이용하지 못하는 셈이다. 빨래할 때 땅에 쏟아지는 물도 아까운데 내 마음의 자원은 두말할 필요도 없이 더 소중하게 관리해야 하지 않을까. 나에 대해 더 알고 싶다면, 찌푸린 눈썹을 펴지 못할 정도로 걱정이 많은 자신을 고치고 싶다면, 더 가벼운 마음으로 힘차게 목표를 이루고 싶다면, 지금도 큰 문제는 없지만 더 나아지고 즐거워지고 싶다면 이 놀이를 해보기를 권한다.

유감스럽게도 이 책 속에 나오는 마음 놀이에는 정답이 없다. 젊었을 적에는 문제가 있으면 반드시 정답이 있을 것이라는 생각을 한 적이 있다. 그러나 나이가 들고, 인생의 여러 가지 맛을 보게 된

후, 모든 문제에 반드시 답이 있는 것은 아님을 깨닫게 되었다. 그러니 정답이 없다 해도, 마음 편히 놀이를 즐겨주기 바란다.

나는 아직도 이 책을 어떤 장르에 넣어야 할지 잘 모르겠다. 이 책의 초판을 발행한 뒤 나는 내가 쓴 어떤 책보다 많은 독자의 편지를 받아보는 기쁨을 누렸다. 한 신문에서는 '중국에서 가장 많은 독자 편지를 받은 책'이라는 영광스러운 호칭도 이 책에 붙여 주었다. 내가 글을 잘 썼다기보다는 이 책에서 다루는 문제가 궁극적인 것에 닿아 있고, 삶의 해답을 얻고 싶어 하는 사람들에게 일말의 실마리를 제공했기 때문이라고 나는 믿는다.

이 책은 당신을 위해, 그를 위해, 그리고 '마음을 가진' 모든 이를 위해 쓴 것이다. 소수의 전문가를 위한 책이 아니므로 학술적인 해석은 하지 않았다. 이제 기쁨과 고통을 나누면서, 가끔은 작열하는 햇볕이 내리쬐는 사막에서 맑고 시원한 샘물을 마시듯이 함께 내 마음 깊숙한 곳으로 떠나보자.

비수민

나를 아는 것이 가장 중요하다

매년 춘절(春節, 한국의 설에 해당하는 중국 명절-옮긴이)이면 수많은 친구들이 내게 연하카드를 보내온다. 나는 아름다운 종이와 글이 적힌 행간에서 묻어나는 따뜻한 온기를 좋아한다. 원소(元宵, 정월 대보름날 먹는 음식으로 소가 든 새알심 모양이다-옮긴이)를 먹고 나서도 연하카드는 버리기가 못내 아쉬워서 종이박스에 고이 모아두기를 몇 년간 했더니 박스 뚜껑이 덮이지 않았다. 어느 날 박스를 열어서 열 손가락을 갈퀴처럼 만든 다음 카드를 한가득 집어서 방바닥에 내려놓았다. 손에서 종이가 우수수 떨어지는데 마치 무림의 고수가 한바탕 검무를 추는 듯했다. 잉크가 번진 필적을 보니 문득 카드 개수를 세어보고 싶은 마음이 들었다. 남녀노소, 학력에 관계없이 가장 경사스러운 날 진정 바라는 축복이 무엇인지 체크해보기로 한 것이다.

"돈 많이 버세요!"와 같은 내용은 가볍게 한쪽으로 밀어두었다. 돈은 중요하긴 하지만 가장 중요하다고 말하기는 어렵다. 소원을 빌고 씩 웃으면 그뿐이다. 심리학의 연구에 따르면 사람의 머릿속에는 하루에 6만여 가지 생각이 떠오른다는데, 모두 '마음속으로 바

11

라는 대로 이루어진다'면 세상은 엉망이 되지 않을까? '늘 웃고 살기를 바란다'는 소망도 마찬가지이다. 생각을 바꿔보자. 살면서 그렇게 웃고 살 일이 얼마나 되겠는가? 그런 바람은 좋은 것이지만 실현하기가 어렵다.

꼬박 반나절을 카드와 씨름하고 나서야 결과가 나왔다. 인사말 가운데 가장 많이 겹치는 것은 "건강하세요!"라는 말이었다.

건강은 모두가 원한다. 그러나 하늘에서 뚝 떨어지는 것도 아니고 단순히 원한다고 해서 실현되는 것도 아니다. 세상의 모든 좋은 일들과 마찬가지로 건강은 싸워서 얻는 것이고, 차곡차곡 쌓고 길러야 하며, 보호해야 한다.

건강은 도대체 무엇일까? 수많은 이들이 꿈에도 그리는 건강의 개념을 명확하게 정의할 수 있을까? 1946년, 국제연합UN의 국제보건기구WHO는 다음과 같이 건강의 정의를 내렸다. '질병과 허약함이 없을 뿐 아니라 신체, 심리 및 사회적 기능이 원만한 상태.'

국제연합의 정의는 기준이 정교해서 만들어진 지 50여 년이 지났는데도 여전히 쓸 만하다. 한 사람이 건강 여부를 가늠할 때는 건강한지 아닌지, 건강검진표상의 지표가 정상인지 아닌지를 볼 것이 아니라 그 사람의 심리 및 사회적 기능이 양호한지, 조화로운 상태인지를 확인해야 한다는 것이다.

사회를 야생의 들판으로 본다면 개인은 이 야생의 들판에서 자라는 무성한 식물에 비유할 수 있다. 이 식물은 아름다운 세 가지 색의 꽃을 피우는데, 한 송이는 노란색으로 우리의 생리(몸)를 상징한다. 또 한 송이는 빨간색으로 우리의 심리(마음)를 상징한다. 마지막 한 송이는 파란색으로 우리의 사회적 기능을 상징한다.

생리적으로 건강한 것은 물론 기쁜 일이다. 그러나 노란색 꽃이 아무리 많고 예쁘다고 해도 이 식물의 일부분일 뿐이다. 빨간색 꽃과 파란색 꽃도 함께 활짝 피어야만 생기발랄한 풍경을 만들어낼 수 있다. 어떤 상황에서는 건강을 유지하는 것이 모든 병이 다 나았음을 뜻하지 않을 때도 있다. 병이 있어도 균형을 잡고 조정하는 법을 배워서 다른 사람과 평화롭게 지냄으로써 가정이 화목하고, 일상이 즐겁고, 죽음에 대한 두려움과 고통이 가볍다면, 이 또한 온전한 의미에서의 건강이라고 할 수 있다. 유명한 바둑기사 우칭위안吳

淸源은 한 마디로 이렇게 표현했다. "건강이라는 것은 두뇌의 건강을 말한다."

건강은 모두가 소원하는 것

어떤 사람은 이렇게 말한다. "생리生理라는 이 꽃은 볼 수도 있고 만질 수도 있지만 마음은 어찌 된 노릇인지 명료하지가 않아서 점치는 것과 별 차이가 없습니다." 심리학은 행위와 심리과정을 연구하는 매우 엄밀한 학문이다. 또 어떤 사람은 이렇게 말한다. "자기 마음속의 일을 스스로 털어놓지 않는데 내가 어떻게 알겠습니까? 그리고 상대방이 말한다고 해도 진심을 털어놓지 않는다면 내가 어떻게 알겠어요?"

정확하게 생각의 전모를 판단할 수 있는 기계는 어디에서도 찾을 수 없다. 그러나 이 사실이 현대 심리학이 모호하고 주관적인 억측만 가능하며 제멋대로라는 뜻은 아니다. 옛날 사람이 말한 것처럼 "그 말을 듣고 그 행위를 본다"는 것은 심리학에서도 매우 유용한 연구 방법 중 하나이다. 한 사람이 생각하는 바는 그의 언어와 행동으로 표현된다. 바다 위에 빙산의 일각이 떠 있으면 그것으로 빙산의 부피와 성분을 분석할 수 있는 것처럼 말이다.

세계보건기구는 건강을 다음과 같이 비유적으로 설명하고 있다. 작은 3층 건물이 있는데, 1층은 생리적 건강, 2층은 심리적 건강, 가장 위에 노출되어 있는 3층은 사회적 기능의 건강이라고 말이다. 심리적 건강은 허리와도 같아서 없어서는 안 된다. 몸이 아무리 건강해도 심리가 건강하지 못하면 '제 역할을 하는 사람'이라고 할 수 없고 원만한 사회적 기능을 수행할 수도 없다. 그러나 생리적으로 심각한 문제가 생겼다고 해도 심리적 건강이 있으면 생리적 건강 회복에 도움을 줄 수 있고 사회적 기능을 수행할 수는 있다.

몽테뉴는 이렇게 말했다. "세상에서 가장 중요한 일은 나 자신을 아는 것이다." 마음의 비밀을 해독하고 자신을 이해하는 일이 모든 성공의 토대가 된다는 뜻이다. 이런 의미에서 심리학은 엄밀한 학문일 뿐 아니라 심리 탐험이기도 하다.

내 마음이 건강한지는 어떻게 알 수 있을까? 심리 건강은 공허한 말이 아니라 내 마음의 구조를 이해하는 체계적인 작업이다. 작은 건물 2층을 한 차례 검사하고 보강해서 우리의 빨간색 꽃이 햇빛을 받고 활짝 피도록 하는 일이다.

누군가 이렇게 말할지도 모른다. "나는 다른 사람이 마음에 병이 있다고 말하면 몹시 짜증이 나요. 그건 정신병이나 다름없는 것 아닌가요? 나는 병이 없어요. 멀쩡하다고요." 자기 마음에 들지 않는 사람을 만나거나 그런 일을 할 때면 이렇게 말하는 사람도 있다. "당신 도대체 어떻게 돼먹은 사람이야? 어디 아파?" 그 말을 듣는 사람도 당연히 기분이 상해서 대거리를 하게 된다. "누구 이야기를 하는 거야? 누구한테 병이 있다고? 병이 있는 건 당신이라고!"

마음이 건강해야 몸도 건강하다

여기서 말하는 '병이 있다'는 말은 그 사람의 뇌가 비정상이고 제정신이 아니라는 의미이며 크나큰 욕이기도 하다. 아주 많은 이들이 정신과 심리를 혼동해서 이야기하는데, 이 두 가지는 관련이 없지는 않지만 분명한 차이가 있다. 정신병은 정신 계통의 질병을 가리키고, 보통 환각이나 망상, 넓은 범위의 흥분과 운동성 장애 등 정신 장애를 가리키는 반면, 심리 범주의 문제에는 이러한 병리적 표현이 포함되지 않는다.

정신과 심리의 분리는 아주 중요하다. 정신병은 극소수의 사람만 걸리는 병리적 변화이지만 심리는 심장, 간, 비장, 폐, 신장처럼 우리 모두가 가진 정상적인 구성 요소이기 때문에 언제든 몸과 마찬가지로 병이 생길 수 있다. 심리에 병이 나는 것은 낯선 일이 아니며, 생명을 이어나가는 과정에서 일어날 수 있는 정상적인 구성 요소이다. 누군가의 몸이 감기에 걸릴 수 있다면 그 사람의 마음도 '감기'에 걸릴 수 있다고 생각하기 바란다.

몸의 감기와 마찬가지로 마음의 '감기'도 크게 걱정할 필요는 없다. 신경 써서 치료하면 그만이다. 이렇게 말하는 사람도 있을 것이다. "나는 마음이 건강하니까 특별히 보호받거나 보살핌을 받을 필요가 없습니다." 이런 말도 일리는 있지만 호언장담할 일은 아니다. 천부적으로 몸이 건강한 사람이 있는 것처럼, 마음이 건강한 사람도 있고 그렇지 않은 사람도 있다. 건강은 고정되어 변하지 않는 것도 아니고, 한번 고생했다고 영원히 좋을 수 있는 것도 아니다. 일례로, 운동선수는 몸이 보통 사람보다 더 강하다. 그러나 그들도 열이 나거나 배가 아플 때가 있다. 끊임없이 단련하고 영양을 보충해서 건강을 유지하기 위해 노력하는 것은 그들도 마찬가지이다.

사람의 몸과 마음은 부단히 변화하기 때문에, 냉장고에 넣은 다음 얼려서 보관할 수 있는 음식과는 다르다. 현대 사회는 리듬이 빠르고 온갖 방면에서 한 곳으로 압력이 집중되는 경향이 있다. 현대인은 전에 없는 곤경과 도전을 겪고 있다. 이런 상황에서 나의 심리 건강에 관심을 기울이고 마음을 보호하는 것은 지혜로운 일이며 잠시도 늦출 수 없는 일이다.

몸과 마음의 건강은 밀접하게 연결되어 있다. 수많은 몸의 질병은 심리적인 스트레스로 인해 생긴다. 고대 그리스의 명의 히포크라테스는 서양 의학의 기초를 세운 사람인데, 그는 기원전 5세기에 '우울하고 걱정이 많으면 병이 난다'고 말한 바 있다. 질병이 거대한 다리라고 상상해보자. 이쪽에는 우리의 몸이 연결되어 있고, 저쪽에는 마음이 연결되어 있다. 어느 한쪽이 무너지면 다리는 심각하게 기울어진다. 양쪽이 모두 무너지면 다리는 물속 깊숙이 가라앉을 것이다. 이렇듯 마음의 질병을 제거하지 않으면 몸의 질병도 깨끗이 나을 수가 없다.

예전에 나는 그림 한 점을 보고 큰 깨달음을 얻은 적이 있다. 그리기도 쉽다. 흥미를 느낀다면 나를 따라서 그려보아도 좋다. 그게 무슨 시간 낭비냐고, 그냥 프린트해서 주는 편이 더 낫지 않겠느냐고 이야기하는 사람도 있을 것이다. 그래도 나는 당신이 종이 한 장을 꺼내서 테이블 위에 깔고 이 그림을 그려보기를 바란다. 엄청나게 공이 들거나 당신의 시간을 낭비하는 것이 아니기 때문이다. 그저 손을 직접 움직이는 과정을 통해 당신도 모르는 사이에 당신의 마음이 흔들릴 수도 있으니 직접 해보기를 권한다.

1단계, 먼저 종이 위에 왼쪽에서 오른쪽으로 길게 직선을 그리고 맨 끝에는 화살표로 표시하라. 이것은 상반되는 힘이 서로 당기는 직선이다.

2단계, 직선을 셋으로 나누어야 한다. 이때 똑같이 나누지 말고 양쪽이 짧고 중간을 길게 나누어야 한다. 이제 직선은 아래와 같은 모양이 된다.

3단계, 직선 왼쪽에는 '정신병자', 직선 오른쪽에는 '마음이 매우 건강한 사람'이라고 쓴다. 직선 중간 부분에는 '정상인'이라고 적는다. 이제 직선은 아래와 같은 모양이 된다.

정신병자 정상인 마음이 매우 건강한 사람

자, 이제 간단한 그림이 완성되었다.

심리학과 연관되는 범주는 대부분 정상인과 정신병자의 경계 지역에 집중되어 있다. 그래서 사람들은 늘 심리적 질병과 정신병을 혼동한다. 그러나 사회가 진보하고 발전하면서 현대 심리학에서는 조개가 영롱한 빛과 윤기를 가진 진주를 만들어내듯이, 정상인들이 어떻게 하면 생활의 기쁨과 인생의 행복을 더 잘 누리고 심리적 잠재력을 잘 발휘할 수 있는가의 문제를 집중 연구하고 있다.

현대인은 피곤과 걱정으로 찌든 마음을 멋지게 재단된 양복으로 감싸고 있다. 지나치게 스트레스를 받으면 대뇌가 신호를 보내서 생리적인 변화가 생긴다. 일단 몸에서 신장에 요소류의 화학물질을 방출해서 심장 박동이 빨라지고 혈압이 상승하며 근육에 있는 혈관이 확장된다. 이때 다른 혈관은 축소되거나 막힘으로써 가장 중요한 부위에 충분한 혈액을 공급한다. 그렇게 해서 갑자기 발생한 재난에 대응하는 것이다.

옛날 사람들은 일단 음식을 충분히 얻고 나면 긴장을 풀고 얼마 동안은 쉬는 시간을 가졌다. 노래를 부르거나 춤을 추면서 제사를 지내기도 하고 거대한 밤하늘의 별을 보면서 만물이 어디서 왔는가 하는 심오한 문제를 궁리하기도 했다. 하늘은 자연을 주었고, 자연은 원시 인류의 고통스럽고 참혹한 생활 현실을 풀어주었다. 아쉽게도, 요즘 사람들은 이런 행운의 기회를 얻지 못한다. 쉴 틈 없는 비즈니스와 빈 틈 없이 깔린 정보의 폭격으로 자연, 쉼, 아무 일도 하지 않는 가벼움은 사치스러운 일이 되고 말았다. 이런 때에 스스로를 조절하지 못해서 격류에 휩쓸리면 유연한 탄력성을 잃고, 위급한 상태로 오랫동안 방치하면 결국 병이 생기는 것이다.

먼저 마음을 치유하라

현대인의 감정 세계는 거대한 도전을 받고 있다. 감정은 신비하지만 위험하기도 하다. 적대감, 걱정, 날마다 쌓이는 분노, 정체를 알 수 없는 두려움, 양심의 가책, 그림자처럼 따라다니는 고독, 이 모든 것들은 나의 면역 체계를 여지없이 흐트러뜨리고 호르몬의 균형을 파괴한다. 게다가 강렬한 감정은 심각한 인상을 남기는데, 이러한 거대한 감정의 변화로 인한 여운은 나의 행동에 영향을 미치고 나의 결정을 교란시킨다. 감정의 메아리는 기억의 산봉우리에서 끊임없이 진동하면서 나도 모르게 나의 사고를 조종한다. 심리학의 방식으로 정리하고 끝을 맺지 않으면 도피할 방법이 없다.

내가 의식하지 못한 장력과 상흔은 흔히 복잡한 병 증상으로 나타나는데, 이는 회복이 쉽지 않다. 모든 개인의 역사는 몸의 각 부위에 깃들고 저장된다. 면역 체계의 종합적 기능도 그것의 통제를 받는다. 상처 입은 신념과 표현하지 못한 정서를 포함한 나의 이러한 감정적 고통을 해결하지 않으면 내 몸은 오랫동안 심한 독에 노출될 수 있고, 미처 준비하지 못한 상태에서 갑작스레 들이닥친 혹서酷暑와 폭풍에 휩쓸릴 것이다. 고대 중국의 유명한 의사 화타華陀가 이렇게 말한 것도 전혀 이상하지 않다. "의술에 능한 자는 먼저 그 마음을 치료한 후 그 몸을 치료한다."

기분이 상쾌하고 의욕이 솟구칠 때, 사이좋게 우애하고 의기가 양양할 때 나의 창조력은 절정에 이르게 되어 머리도 잘 돌아가고 새로운 아이디어와 영감이 샘솟는다. 얼굴에는 미소가 감돌고 신통한 말들이 연달아 쏟아져 나온다. 햇빛은 더없이 찬란하게 빛나고, 길가의 풀들은 싱싱함을 뽐낸다.

이것은 심리적 건강이 보통 이상일 경우에 한한다. 안타깝게도 그런 경우는 흔치 않다. 전광석화처럼 사라져버리는 경우가 대부분이다. 어떤 사람은 아예 그런 경험을 해보지도 못한다. 많은 경우에 우리는 평범하고 의기소침한 상태로 일상을 영위한다. 사람들 사이에 빽빽하게 포위되어 있지만 정작 자신은 견디기 힘들 정도로 고독하다. 이것이 바로 심리적 아건강(亞健康, Sub-Health, 병에는 속하지 않지만 몸이 불편을 겪는 상태-옮긴이)이다. 우리 주위에는 아건강 상태인 사람이 수두룩하다. 심지어 어떤 사람은 그 상태를 정상으로 여긴다. 생명을 아름답게 꽃피우려면 마르지 않는 맑은 샘물이 필요하다.

이 책에서 지시한 대로 그림을 다 그리고 무사하게 마음을 탐험하고 나서 무의식중에 자기 마음의 문제가 낯선 사람의 일처럼 느껴진다면 다행스러운 일이다. 당신은 마음의 건강을 향한 매우 소중한 한 걸음을 내딛은 것이기 때문이다. 사람은 먹고사는 문제가 해결되면 자기 내면의 욕망에 대해 더 많은 관심을 가지게 된다. 이것은 진보이자 문명화의 표시이며 현대 사회에서는 막을 수 없는 흐름이다. 굳이 말하자면 인간의 생리적 요구는 비교적 쉽게 만족시킬 수 있다. 위의 용량에는 한계가 있어서 배부르게 먹고 나면 그 어떤 산해진미를 보아도 식욕을 느낄 수 없다. 억지로 꾸역꾸역 더 먹으면 위장에 탈이 나서 위로는 토하고 아래로는 설사를 하게 되어 있다. 우리가 입는 옷의 가장 오랜 역할은 추위를 막고 몸을 가리는 것이다. 천편일률적으로 유행만 좇아서 쇼핑에 미친다면 그것은 즐기는 게 아니라 죄를 받을 일이다. 끊임없이 추구해도 좋은 것은 사람의 마음 공부뿐이다. 이것은 인류가 지닌 가장 아름다운 품성 가운데 하나이다. 어떻게 자기 마음을 보호할까 궁리하는 것은 인류의 영원한 과제이기도 하다.

마음의 학문은, 심오하게 말하면 수백 년 수천 년을 연구해도 끝을 보지 못할 정도로 오묘하고, 모든 사람과 긴밀하게 연관되어 있다. 이 책으로 마음 놀이를 하면서 조금이나마 마음 공부를 할 수 있기를 바란다. 이 책은 '일곱 가지 마음 놀이'로 구성되어 있다. 여기까지 읽고 이렇게 말할 수도 있을 것이다. "방금 전에 당신은 심리학이 엄밀한 학문이라고 하지 않았습니까. 어떻게 눈 깜짝할 새에 놀이로 바뀐 것이지요?"

놀이를 통해 나의 진실한 모습을 발견하라

놀이를 좋아하는 것은 인류의 천성이다. 놀이를 하다 보면 마음이 느긋해지고 감정도 원활해지며 웅크리고 겨울잠을 자던 영혼의 사고도 점점 깨어나서 우렁찬 소리를 토해낸다. 이 과정을 통해 나의 내면과 직접적이면서도 진솔하게 만날 수도 있다. 이로 인해 이미 익숙한 나의 몸속에서 다소 낯선 자아를 발견할 수도 있다.

놀이를 우습게 생각하지 말기를 바란다. 놀이는 내 마음속의 바다로 깊숙이 들어가 의식 속의 깊은 섬들을 탐험하도록 도울 것이다. 이 항해에서 나는 선장이기도 하고 선원이기도 하다. 내가 직접 돛도 펴고 닻도 내려야 한다.

이 놀이들에는 통일된 답이 없고, 이미 정해진 정확하거나 잘못된 결론도 없다. 답을 내는 데 걸리는 시간은 짧으면 짧을수록 좋다. 거듭 심사숙고할 필요가 없다. 사유는 유성이 하늘을 긋고 지난 흔적과 같아서 소중하지만 돌이키기 어렵다. 답안지를 판단해줄 사람도 없고, 등수를 매길 사람도 없으며, 성적을 확인하려는 사람도 없다. 급한 마음에 책장을 대충 넘기지 말았으면 한다. 참지 못하고 서두른다면 마음을 들여다 볼 소중한 기회를 놓치는 셈이다. 놀이를 전부 마친 후에 조금이라도 흥미가 생긴다면 친구에게 소감을 들려주기를 바란다. 하지만 답을 알려주어서는 안 된다.

어느 작가가 쓴 글을 읽은 적이 있다. 내 온몸이 멀쩡할 때는 사람들이 나를 가리키면서 이게 너라고 말하고, 두 다리를 잃은 다음에는 상반신을 가리키면서 이게 너라고 말하며, 두 팔마저 잃고 몸통만 남았을 때는 사지를 잃은 몸통을 가리키면서 이게 너라고 말한다는 내용이다. 그렇다면 나의 참모습은 대체 무엇이란 말인가?

그 작가는 정답을 내놓지 않았다. 나라면 이렇게 답할 것이다. "머리가 아직 남아 있고 아직 생각할 수 있다면 '나'가 존재한다고 말할 수 있다." 생각이 흩어져 버리면 육체가 아무리 온전하다고 해도 그 사람의 가치는 희미해진다. 몸이 아무리 건강해도 마음이 건강하지 못해서 정상적인 사회활동을 할 수 없으면 건강하다고 볼 수 없고, 진정으로 존재한다고도 할 수 없다. 다른 사람의 그림자일 수도 있고, 생각이 없는 허수아비일 수도 있으며, 옷을 입는 마네킹

이거나 음식을 담아두는 용기일 수도 있다. 생명 존재라는 관점에서 말하면, 나는 다방면으로 나를 이해할 필요가 있다. 이것은 인생을 더 잘 이해하기 위한 것이고 인간으로 태어난 이상 기본적으로 해야 하는 작업 중 하나이다.

이집트 모세 신전에서 출토된 석비에는 이런 글귀가 새겨져 있다. "네가 스스로에게 성실할 때에는 세상에 너를 속일 수 있는 사람이 없다." 무적의 힘과 지혜를 얻기 위해서 성실한 마음으로 놀이에 임해보기를 권한다. 생명이라는 광야에 도착한 당신은 꽃은 보이지 않고 풀만 무성하다고 투덜거릴지도 모르지만 인내하기를 바란다.

인도에는 이런 속담이 있다. "너 자신을 알라. 그러면 전 세계를 알 수 있으리니." 중국의 노자도 이렇게 말했다. "남을 아는 자는 지혜롭고, 자신을 아는 자는 현명하다."

사람은 씨앗처럼 천부적으로 싹을 틔우고자 하는 욕망을 가지고 있다. 물론 땅 밑에서 수천 년간 묻히거나 우주로 나가서 궤도를 수없이 순환할 수도 있고 얼음과 눈에 덮일 수도 있으며 새한테 먹혀서 소화액에 녹을 수도 있을 것이며, 바람과 서리에 연거푸 죽임을 당할 수도 있다. 그러나 그 귀한 씨앗이 아직 살아 있기만 하다면 시기가 무르익었을 때 싹을 내밀고 생기발랄한 꽃을 피울 수 있다는 것을 기억하자. 모든 꽃은 처음에는 다 풀이었다. 모든 풀은 끝끝내 꽃을 피우고야 만다. 그럼 이제 당신이 건강의 세 가지 꽃을 찾고, 마음이라는 빨간색 꽃을 피우러 갈 차례이다.

나의 가장 중요한 다섯 가지는 무엇인가?

정확한 결정을 내리기 위한 전제 조건은
먼저 내가 무엇을 원하는지 정확히 알아내는 것이다.
어려운 결정의 순간에 나의 가장 중요한 다섯 가지를 떠올려보라.
나의 결정과 가치관의 원만한 조화는
마음의 건강을 위한 비결임을 잊지 말자.

내 앞에 놓인 수많은 선택들

첫 번째 놀이의 제목은 '나의 가장 중요한 다섯 가지는 무엇인가?'이다.

복잡한 사회 속에서 살아가면서 사람들은 수시로 많은 것들을 선택하고 결정하고 있다. 아침식사로 우유에 콘플레이크를 말아먹을지, 아니면 샌드위치에 과일 주스를 먹을지 결정하는 것은 매우 사소한 일이다. 반면에 직업을 바꾼다거나 공부하러 외국에 나갈지 결정하는 일은 큰일에 속한다. 예컨대 집을 산다면, 언제 어느 곳에 어떤 값에 어떤 형태의 집을 살지 천천히 고민해서 결정해야 한다. 그러나 사람이 물에 빠져서 생명을 걸고 구하는 일이라면 다급하게 결정해야 한다. 평생을 함께할 반려를 선택하는 일이라면 오랫동안 심사숙고해서 결정할 일이고, 올 여름 유행을 좇아 어떤 색 옷을 고를 것인지는 금세 결정할 수 있다. 주말에 여행을 갈 것인지 책을 읽을 것인지 결정하는 것이 가벼운 선택이라면 암을 발견했을 때 과감하게 수술할 것인지, 아니면 안전하게 투약해서 치료하는 방법을 선택할지는 무거운 결정이라고 할 수 있다.

수많은 가능성과 수많은 선택 앞에서 우리는 결정을 내려야 한다. 이것은 거의 모든 현대인이 처한 어려운 상황이다. 자유가 있는 사람은 수많은 상황에서 마음이 가는 대로 선택할 수 있고, 이것은 일종의 사회 발전이라고 할 수 있다. 그러나 진정한 선택의 순간에 이르렀을 때, 우리는 자주 잘못된 결정을 내리고 궁지에 처하는 경우가 많다. 우리가 살고 있는 지금의 생활은 몇 년 전 우리가 선택하고 결정한 결과이고, 오늘의 선택과 결정은 몇 년 후 우리의 생활을 결정할 것이다. 빌 게이츠가 학교에서 자퇴하고 과감하게 기회를 잡지 않았다면 마이크로소프트의 신화를 결코 일구어내지 못했을 것이다.

하나의 선택은 하나의 길을 결정한다. 결정된 하나의 길은 하나의 장소로 이어진다. 그 하나의 장소에서는 하나의 생활이 시작된다. 하나의 생활은 하나의 운명을 만든다. 길을 돌아가고 싶어 하는 사람은 거의 없다. 좀 더 완벽한 결정을 내리면 후회도 그만큼 줄어들 것이다. 이것은 모든 사람의 바람이다. 그렇다면 정확한 결정을 내리기 위한 전제 조건은 무엇일까? 먼저 내가 무엇을 원하는지 정확히 알아내는 것이 중요하다.

한 대기업의 CEO가 신입사원 면접을 할 때 첫 질문으로 "당신은 우리 회사에서 무엇을 얻고 싶습니까?"라고 물었다. 그를 놀라게 한 것은 70퍼센트의 구직자가 그 질문에 아무런 대답을 하지 못했다는 사실이다.

들어보면 불가사의하게 느껴지지만 사실 매일같이 벌어지는 일이다. 지금도 수많은 이들이 직장을 얻으려고 공들여 이력서를 쓰고 그것을 좋은 종이에 출력한다. 인간관계 전문가로부터 자기 표현력 훈련도 받는다. 더 지름길로 가고 싶은 나머지 육체적 고통을 감내하면서 거금을 들여서 성형수술을 받고, 심지어 수영복을 입고 찍은 사진까지 첨부하는 경우도 있다. 면접 당일, 많은 이들이 잘 손

질된 옷을 빼입고, 어떤 넥타이를 맬지 수십 번 고민을 하며 거울에 자기 자세를 비춰보면서 연습을 반복한다. 이렇게 엄청난 정력과 시간을 들였으면서도 정작 기본적인 문제에 부딪혔을 때는 말문이 막혀서 입사에 실패하다니 아이러니한 일이다. 내가 무엇을 원하는지, 내 자신이 모르기 때문에 벌어진 일이다.

사실 아주 많은 사람들이 죽을 때까지 스스로 얻고 싶은 것이 무엇인지 자문하지 않는다. 이 질문으로 내게 상담한 사람들 중에는 명확한 답을 얻지 못하는 이들이 많았다. 해답을 얻은 소수의 사람들 중에서도 분명한 언어로 표현할 줄 아는 이는 극소수뿐이었다. 이런 상황을 피하려면 우리는 첫 번째 놀이를 해야 한다. 이 놀이는 이 문제를 정면으로 겨냥하고 있다. 자신이 무엇을 원하는지 안다면 현명한 결정을 내릴 수 있다.

여성 재소자들 앞에서 강의하다

매년 2월 말이면 나는 이런 질문을 받는다. "선생님, 우리 모임의 여성들과 국제 여성의 날을 함께 보내주실 수 있을까요?" 다양한 사람들에게 초청을 받기 때문에 나는 선착순으로 가장 먼저 전화를 걸어온 사람의 청을 수락하는 편이다. 나중에 연락을 해온 사람에게는 죄송하지만 다른 모임에서 먼저 연락을 받았다고 양해를 구한다. 그렇게 하면서 그 해에 닥친 어려운 문제를 해결하고는 했다. 이듬해가 되자 지난해 나를 초청하지 못했던 사람이 더 일찍 전화

를 걸어오는 통에 나는 춘절만 되면 불안해지기 시작했다. 그래서 나는 전술을 바꾸었다. 모든 초청에 대해 일단 애매하게 말을 흘리는 것이다. "잠시 생각해보고 나서 결정하겠습니다."

그 해에는 칭화靑華 대학에서 일찌감치 연락을 취해왔다. 국제 여성의 날에 학교로 와서 함께해주면 좋겠다는 것이었다. 여대생들의 초청이었기 때문에 나는 청춘의 활력과 도전에 대한 뜨거운 열정을 느낄 수 있을 것이라고 생각하고 호의적으로 받아들였다. 일을 거의 확정지을 무렵, 갑자기 한 통의 전화가 걸려왔다. 여성 교도소에서 범죄자 300명에게 강연을 해달라는 청이었다.

나는 깜짝 놀랐다. 그리고 무의식적으로 말했다. "나는 나쁜 여성들 300명을 상대로 강연을 해본 경험이 없습니다."

상대방은 가볍게 맞받아치면서 말하였다. "비 선생님, 그들은 나쁜 여성들이 아닙니다. 그저 형을 살고 있는 여성 죄수일 뿐입니다."

나는 내가 잘못했다는 사실을 깨달았다. 그런 유치한 말을 내뱉다니. 사람은 단순하게 나쁘다, 좋다로 가를 수 없는 것 아닌가. 나는 다급하게 말했다. "미안합니다. 용서해주세요. 하지만 죄수들을 상대로 강연을 해본 적이 없어서요." 상대방은 부드럽게 웃고는 이렇게 말했다. "선생님이 다른 곳에서 하시는 것처럼 담담하게 인생과 이상 같은 문제에 대해 이야기해주시면 됩니다."

전화를 끊은 나는 양자택일을 해야 하는 어려움에 봉착했다. 한쪽은 꽃처럼 곱고 생기 넘치는 여대생들이었고, 다른 한쪽은 높은 벽 안 철창에 갇힌 여죄수들이었다. 여대생들과 함께하면 부담 없이 즐겁게 보낼 수 있을 것이고, 여죄수들과 함께하면 침울하고 불편한 데다 긴장도 되고 구속받는 기분일 것이다. 내 느낌만으로 결정한다면 당연히 여대생들과 함께했을 것이다. 하지만 나는 나의 책임을 생각했다(나는 예전에 의사였기 때문에 책임감을 아주 중요하게 생각한다). 그토록 간절한 초청을 거절할 수 없었다. 나는 여성 교도소에 가기로 결정했다.

결정은 했지만 마음이 편해지기는커녕 오히려 긴장이 더 심해졌다. 도대체 그들에게 무슨 이야기를 해야 할지 생각이 떠오르지 않았다. 할 만한 이야기들은 누군가가 벌써 다 했을 것 같고, 생각해야 할 거리들은 그들이 안에서 보내는 긴 시간 동안 벌써 해버렸을 것만 같았다. 다른 것들은 논외로 치더라도 강연을 시작할 때 그녀들을 어떻게 불러야 할지부터 난감했다. 일반적인 호칭 '동지 여러분'은 어울리지 않는다. '여사님들'이라고 존경하는 의미로 부르는 것도 교도소에 있는 그들에게는 적합하지 않았다. 보통 여성들은 경축 행사를 할 때 친근하게 '자매님들'이라고 부르기도 하는데, 그 호칭도 썩 어울리는 느낌이 아니었다. 사람들이 흔히 말하듯 '친구 여러분'이라고 부르는 것도 마뜩치 않았다. 이틀 동안 고심을 거듭하다가 결국 한 가지 호칭을 찾아냈다. '여성 동포 여러분'이라는 호칭이었다. 심각한 범죄를 저질렀다고 해도 그들은 여성이고, 나와 같은 중국인이다. 그들은 중국 법률의 제재를 받고 있는 동성의 동포였다.

호칭을 확정한 다음에는 무슨 이야기를 할 것인지 결정해야 했다. 이리저리 궁리하다가 교도소 안에서 죄수들이 할 수 있는 놀이를 하기로 결정했다. 그것은 모험이었다. 어떤 상황이 벌어질지 전혀 예측 불가였다. 나는 교도소에 간 적이 없었고, 그곳의 규칙도 몰랐다.

당일 새벽, 눈이 내렸다. 교도소에 가는 길에 흩날리는 눈발을 지켜보았다. 오늘 이 놀이를 할 수 없게 될 경우에 대비해서 예비로 강연할 원고를 준비해야 하지 않을까. 그러나 아무리 머리를 쥐어짜도 놀이 말고는 다른 생각이 떠오르지 않았다.

교도소에 도착해서 강당으로 갔더니 여죄수들이 회색 죄수복을 입고 가지런히 줄을 맞추어서 작은 의자에 앉아 있었다. 높은 곳에서 멀리 내려다보니 사방을 군청색 실로 꿰맨 네모나고 어두운 회색 손수건처럼 보였다. 군청색 제복을 입은 간수들이 죄수들을 사각형으로 둘러싸고 있었기 때문이다.

나는 옆에 앉아 있는 교도소장에게 왜 사람들을 단상에서 저렇게 멀찍이 떨어뜨렸느냐고 나지막한 목소리로 물었다.

소장은 이렇게 대답했다. "여기가 어디인지 잊으셨어요? 여기는 일반 학교의 강당이 아니라 교도소입니다! 혹시라도 강연하시는 동안 죄수가 달려들어서 선생님 목을 팔로 감고 인질로 삼기라도 하면 제가 어떻게 대처해야 하겠어요? 거리가 멀면 처리할 시간을 벌 수 있습니다."

나는 다시 질문했다. "왜 간수들이 사방을 둘러서 앉아 있는 것이지요?" 소장은 딱 부러지게 대답했다. "감옥 폭동 방지용입니다."

'감옥 폭동'이라는 말을 들은 것은 처음이었다. 나는 나도 모르게 말을 내뱉었다. "말도 안 돼요! 저 사람들은 여성들이잖아요!"

소장이 말했다. "여성이 어쨌다는 것이지요? 선생님 앞에 보이는 저 300명 여성 중에는 강도, 좀도둑, 인신매매범, 마약 제조 및 판매상, 살인방화범…… 온갖 범죄자가 있습니다. 우리도 여죄수 300명을 한 장소에 모아놓고 행사를 한 적은 이번이 처음입니다. 강연 때문에 첫 선례를 만든 것입니다. 엄격하게 대비를 해야 안전을 확보할 수 있어요."

나는 더 작은 목소리로 물었다. "놀이를 할 수 있을까요?"

감히 말하건대, 내 질문은 총알처럼 그의 가슴을 꿰뚫은 것 같았다. 한 마디를 듣고 그보다 더 긴장할 수는 없을 것이다. 그가 말했다. "뭐라고요? 놀이요? 여기서 어떻게 놀이를 하겠어요? 죄수들은 자기가 앉은 자리에서 반걸음도 뗄 수 없어요!"

나는 말했다. "이 놀이는 수건 돌리기 같은 놀이가 아니예요. 앉은 곳에서 발을 떼지 않아도 됩니다."

소장은 의혹에 가득 찬 눈길로 나를 바라보더니 이렇게 말했다. "그들을 일어서게 해서도 안 됩니다." 나는 대답했다. "일어나지 않아도 됩니다. 그런데 종이와 펜이 있나요?" 소장이 대답했다. "없습니다. 그들은 종이와 펜을 쓸 수 없습니다."

단상 앞에 도착했을 때 나는 이렇게 말했다. "여성 동포 여러분. 여러분께 먼저 인사드리겠습니다. 안녕하세요! 오늘은 창밖에 온통 눈이 내리고 있습니다. 눈은 모든 것을 덮지만 진실만은 덮을 수 없지요. 우리 한 가지 놀이를 통해서 자기 속마음을 살펴보기로 합시다. 그 속에 뭐가 숨어 있는지 연구해보는 것입니다……. 종이와 펜이 없으니까 여러분 각자가 눈을 감고 하얀 종이가 있다고 상상하세요. 아니면 눈으로 하얗게 덮인 대지를 종이로 생각하셔도 좋습니다……."

그날, 내가 놀이가 끝났다고 이야기했을 때, 교도소 강당에는 오랫동안 정적이 흘렀다. 나는 말했다. "이 놀이의 결과는 다른 사람과 이야기할 수도 있고 이야기하지 않을 수도 있습니다. 말하거나 말하지 않거나 모두 자유입니다. 다만 이 놀이의 결과를 잘 기억해서 우리가 앞으로 살아가는 데 조금이라도 도움이 되기를 바랍니다."

단상 아래는 여전히 죽음과도 같은 정적뿐이었다. 어찌나 조용한지 창밖의 나무와 잔디에 내리는 눈 소리를 들을 수 있을 것 같았다.

놀이를 진행할 때는 혼자서 하라

이 경험의 결말에 대해서는 뒤에서 다시 말하겠다. 나는 다른 장소에서 다양한 사람들을 대상으로 이 놀이를 해보았다. 그들의 대답은 각기 달랐지만 기본적으로 모두 수확이 있다고 말했다.

한 유명한 기업체의 CEO가 놀이를 마친 후 나와 의견을 나누었다. 그는 이렇게 말했다. "정말 고맙습니다. 이 놀이가 아마도 저의 후반생을 바꿔줄 수 있을 것 같습니다." 나는 말했다. "정말 그렇게 효과가 있습니까? 저는 여러분에게 조금이라도 도움이 되었으면 하고 바랐을 뿐인데요."

CEO가 말했다. "아주 중요한 변화라는 것이 꼭 엄청난 논의의 결과로 얻어지는 것은 아니에요. 한 마디, 작은 이야기가 때로는 미처 생각하지 못한 마력을 발휘해서 우리의 미래를 결정하기도 합니다. 이 놀이도 그런 마력이 있습니다."

그는 말을 이으면서 자신이 놀이 하면서 답안을 작성했던 A4 용지를 꺼내서 꼼꼼하게 반으로 접은 다음 찢고, 다시 접은 다음 찢었다. 그는 내가 지켜보는 가운데 태국 쌀만한 크기의 종잇조각이 한 무더기 쌓일 때까지 종이를 연거푸 찢었다. 그리고 나서 온전한 A4를 다시 한 장 꺼내서 갈기갈기 찢은 종이더미를 싼 다음 그것을 서류가방에 넣었다.

괴이하게 여긴 내가 물었다. "그걸 오래 보관하시게요?" 그는 웃으면서 대답했다. "아닙니다. 변기에 모두 쏟아버릴 것입니다." "놀이의 결과를 그토록 엄격하게 보안을 유지해야 하는 이유가 있는가요?" 그는 답했다. "선생님이나 다른 사람에게는 괜찮지만 아내에게는 절대 보안을 지켜야 하니까요."

위에서 이야기한 대로 이 놀이는 어디에서든 할 수 있다. 하지만 효과를 더 좋게, 더 정확하게 하려면 야심한 밤이나 새벽에 깨어나는 시간을 활용하기를 권한다. 혼자 책상에 앉아서 하는 것이 가장 좋다.

술은 자제하는 편이 좋고, 시끌벅적하게 무슨 일을 치르고 난 후에 해서는 안 된다. 차나 커피는 좋지만 너무 진하게 마시지는 말기를 바란다. 가족들이 없는 곳을 피해서 혼자 속마음을 마주하는 것이 제일 좋다. 그들을 못 믿어서가 아니라 사람은 혼자 있을 때 할 수 있는 일이 있기 때문이다.

먼저 백지를 한 장 꺼낸다. 흠결 없이 깨끗한 종이여야 한다. 틀도 없고 접은 흔적도 없어야 한다. 펜으로 꾹꾹 눌러쓴 흔적이 남아 있는 종이도 곤란하다. 사하라 사막의 모래밭처럼 평평해야 한다. 그리고 검정색 볼펜을 하나 준비하라. 검정색을 못 찾겠으면 파란색도 괜찮다. 다만 빨간색은 안 된다. 너무 산뜻한 색은 보기만 해도 자극이 되기 때문이다.

놀이를 할 때는 긴장을 푸는 편이 좋다. 긴장을 누그러뜨리면 마음이 편안해진다. 외부 세계로부터 몸과 마음을 고립시켜 머릿속을 깨끗하게 비워야만 내 깊은 곳에 있던 신념이 떠오를 것이다.

내가 정말 원하는 것은 무엇인가

준비가 다 되었으면 백지 끝 상단에 펜으로 '○○○의 다섯 가지'라고 쓴다. 여기서 ○○○는 바로 우리의 이름이다.

이 단계는 절대로 생략해서는 안 된다. 평소에 신용카드를 쓸 때나 택배를 받으면서 사인할 때 말고는 자기 이름을 쓸 수 있는 기회가 거의 없을 것이다. 지금 이 순간 우리가 마음속에 품고 있던 감동을 섬세하게 느끼기를 바란다. 이 이름은 다른 사람이 아니라 바로 나 자신을 상징하는 것이다. 그것은 나의 몸, 나의 기억, 나의 사랑과 희망을 상징한다. 나의 이름과 나 자신은 떼려야 뗄 수 없다. 나라는 사람의 음성과 용모, 행동거지뿐 아니라 나의 전 영역을 포괄하며 나의 역사와 앞으로 다가올 나의 미래와도 연관되어 있다. 결국 이름은 나의 모든 것이라고 할 수 있다. 이 순간에는 천지만물이 잠시 사라지고 나의 이름과 마음만 남아 있다. 내가 외롭게 이 세상에 왔을 때 내게는 나밖에 없었다. 언젠가 내가 이 세상을 떠나갈 때도 나는 혼자서 훌쩍 떠나가야 한다. 아무리 많은 사람들이 주위를 둘러싸고 나의 탄생을 기뻐하고 나의 죽음을 슬퍼한다고 해도, 본질적으로 나는 고독하다.

그리고 검정색 펜으로 흰 종이 위에, 나의 삶에서 가장 중요한 다섯 가지를 빠르게 쓰라.

이 다섯 가지는 먹을거리나 물 혹은 돈처럼 실재하는 물질일 수도 있고, 부모나 아내, 자식, 남편이나 강아지 같은 사람이나 동물일 수도 있다. 또 종교나 이상과 같은 정신적인 추구일 수도 있고, 여행이나 음악 또는 채식과 같은 기호나 습관일 수도 있다. 국가나 철학과 같은 추상적인 사물도 가능하다. 도자기나 우표 같은 구체적인 물건일 수도 있다. 결국, 내가 마음대로 상상할 수 있는 모든 것, 내가 마음속으로 가장 소중하다고 생각하는 다섯 가지를 적으면 된다.

이리저리 따지고 고민할 필요는 없다. 머릿속에서 떠오르는 생각을 바로 적으라. 가장 먼저 떠올랐다면 기록해도 좋을 만한 이유가 있는 것이다. 순서는 따지지 않아도 좋다. 앞뒤로 가나다순으로 배열하거나 성씨 순서대로 배열하지 않아도 된다.

이제, 내 눈앞에 놓인 종이는 더 이상 백지가 아니다. 종이 위에 내가 직접 쓴 글자의 흔적이 남아 있다. 다른 데로 눈길 주지 말고 쓴 내용을 바라보라. 숨을 죽이고 1분간 바라보기를 바란다. 종이에 쓰면서 멈추었던 순간 내 마음속에서 일었던 흔들림을 기억하라. 이렇게 모여 생겨난 작은 흔적이 내가 살아가면서 가장 사랑하는 것들이다. 그것들은 내 마음속 가장 깊은 곳에 숨어 있던 나의 최고의 비밀이기도 하다. 어쩌면 오늘 이전에는 심각하게 생각하거나 애달파한 적이 없을지도 모르지만 지금 이 순간부터 내 삶을 이어가야 할 이유를 알게 되었을 것이다.

여기까지 놀이를 했으면 이미 절반은 끝난 것이다. 그럼 나머지 반을 해보자. 이제까지의 절반이 따뜻한 기억과 놀라움의 발견이었다면, 용서를 바란다. 나머지 절반은 냉혹하고 처참할 수도 있으니 마음의 준비를 단단히 해야 할 것이다.

"망했다!" 살면서 나도 모르게 이런 말이 튀어나올 정도로 뜻밖의 일을 겪을 때가 있다. 도대체 어떤 일일까? 여기서 자세하고 명료하게 말할 수는 없다. 인생의 굽이굽이 작은 길들에는 셀 수도 없이 많은 일들이 숨어 있지 않은가. 때로는 흉악한 강도가 나타나서 '통과비'를 내라고 협박할 수도 있다. 우리가 치르는 대가와 희생으로 인해 슬퍼하거나 분노할 수도 있지만, 중요한 것은, 계속 앞으로 나아가야 한다는 것이다. 이렇게 말할 수 있을 것이다. 뜻밖의 일이 없는 삶은 비정상이고 끊임없이 그런 일들이 생겨나야 우리 삶이 활력과 동요로 가득해진다고. 뜻밖의 일들이 모두 사라진다면 아마도 그것은 삶이 끝나는 순간일 것이다.

그런데 이제부터가 문제이다. 내 삶에서 가장 소중한 다섯 가지를 나는 다 지켜낼 수 없다. 한 가지를 버려야 한다. 이제 펜을 들고 다섯 가지 중 한 가지를 삭제하라.

주의할 것은 해당하는 항목 옆에 × 표시를 해서 기본 형태를 남겨서는 안 된다는 것이다. 다시 말해, 적당히 가리지 말라는 이야기이다. 그런 인자함은 잊으라. 검정색 잉크로 천천히, 그러나 손톱만큼의 정도 남기지 말고 지워버려야 한다. 칼을 사용해서 잘라내도 좋다. 하얀 종이 위에 검은 점을 만들거나 텅 빈 구멍을 만들어야 한다. 다시는 알아볼 수 없어야 한다.

내가 삭제한 것이 '신선한 꽃'이라면 이제부터 내 인생에는 봄날의 향기는 없어지는 것이다. 눈부신 목련이나 아름다운 장미와도 영원히 작별을 고해야 한다. 들에 핀 데이지나 민들레도 볼 수 없다. 나는 화원에 들어갈 자격을 잃었다. 흘깃 눈길을 주어서도 안 된다. 내가 직접 손으로 하나하나 찢은 꽃잎이 진창에 섞여들어 가는 모습을 지켜보아라. 이 과정에서 상실감으로 인해 생기는 아픔을 잘 관찰해야 한다.

종이 위에 소중한 네 가지와 검은 점 하나가 남았다. 이 순간, 삶에 다시 중대한 변고가 닥쳤다. 더 살벌하고 다급하게 닥쳐왔기 때문에 나의 네 가지를 지킬 수 없다. 또 한 가지를 버려야 한다.

세 번 생각한 다음 행동하라

처음에 한 가지를 버릴 때 다소 아무렇지도 않게 결정을 했다면 이번에는 심사숙고하기를 바란다. 수천수만의 고민 끝에 고른다고 해도 내가 가장 아끼는 것이다. 이미 더 이상 줄일 수 없을 정도로 줄였는데, 한 가지를 더 줄이라고 하니 사람을 일부러 곤란에 빠뜨리는 게 아니냐고 트집을 잡을지도 모르겠다.

맞다. 곤란에 빠뜨리는 것이다. 이게 이 놀이의 방법이고 잔혹한 운명이다. 우리가 결코 원하는 일이 아니고 아무리 원망의 말을 쏟아내더라도 놀이의 규칙만은 지켜야 한다. 펜으로 네 가지 중 한 가지를 검게 칠하라. 대충 지워서는 안 되고 나의 시야에서 완벽하게 없애야 한다. 내가 '돈'을 없앴다면 이제부터 나는 가난뱅이가 되는 것이다. 이후로 나는 사치스럽고 방탕한 생활, 좋은 옷과 맛난 음식, 고급 자동차, 아름답고 화려한 날들과는 철저하게 '굿바이'하는 것이다. 가난해서 굶어 죽을 지경은 아닐지라도 나는 절대 부자가 될 수 없다. '돈'을 버리는 것이 망설여지고 결정을 내리지 못하겠다면 '돈'을 남겨야 한다. 억지로 할 필요는 없다. 다른 것을 골라들고 '사형장'으로 가면 된다.

여성이라면 '일'을 골라서 버릴 수도 있다. 그렇다면 아침 9시부터 오후 6시까지 멋진 정장을 입고 사무실에서 치열하게 일하는 모습은 꿈도 꾸지 말아야 한다. 대신 편안한 옷을 입고 앞치마를 두른 채 집에서 밥하고 청소하면서 남편 내조하고 아이를 가르치다보면 어느새 해가 지는 모습을 무료하게 바라보게 될 생활에 익숙해질 준비를 해야 한다.

여기까지 놀이를 한 사람은 앞으로 이 놀이가 어떻게 진행될 것인지 눈치 챘을 것이다. 당신이 똑똑하다는 사실을 인정하겠다. 그리고 이 놀이가 그다지 복잡하지 않다는 사실도 알아챘을 것이다. 종이에 더 주의를 집중하기를 바란다. 놀이에서 가장 중요한 대목이 곧 펼쳐질 것이다. 규칙도 중요하지만 나의 마음을 관찰하고 깨달음을 얻는 과정이 더 중요하기 때문이다.

이제 백지 위에는 세 가지 항목과 내용을 전혀 알아볼 수 없는 검은 점이 두 개 있다. 그 두 개의 점에 무엇이 묻었는지 아는 사람은 나밖에 없다. 살아가는 과정에서 우리는 험악한 도전과 맞닥뜨리는 경우가 빈번하다. 이번에도 소중한 한 가지를 버려야 한다.

이 단계까지 놀이를 진행하면 종종 완강한 저항에 부딪히고는 한다. 화를 내면서 이렇게 말하는 사람도 있다. "무슨 망할 놈의 놀이야! 안 해, 안 한다고! 이렇게 계속 버리면 인생이 무슨 의미가 있나! 안 돼, 난 버릴 수 없어! 절대 못 버려! 남은 몇 가지는 전부 다 필요해, 한 가지라도 없어서는 안 돼! 나는 결코 손에서 돈을 놓지 않겠어! 누가 나에게 너무 잔인하다고 손가락질한다고 해도 어쩔 수 없어. 어떻게 사람한테 이렇게 끊임없이 선택하고 버리라고 강요할 수가 있는 거야? 당신에게는 그럴 권리가 없어!"

나는 늘 내게, 그리고 사람들에게 말한다. "계속해보세요. 이 놀이의 핵심가치가 여기에 있으니까요. 당신은 버리는 법을 배워야 합니다." 분명히, 나에게는 당신을 다그칠 권리가 없다. 그러나 삶은 당신에게 그런 권력을 행사한다는 점을 잊지 말자.

능동적으로 버린다는 것은 썰물과 같아서 동요하던 것이 평온한 것으로 돌아가는 과정에서 아주 특별한 것을 남기는데, 그것이 바로 내 삶에서 가장 중요한 암초가 될 것이다.

어떤 사람은 원망할 것이다. "이런 놀이인 줄 미리 알았더라면 처음부터 아픈 것과는 관계없는 것들을 써넣었을 텐데, 그랬다면 버리더라도 이토록 심장이 찢기는 아픔은 없었을 것이 아닌가."

당신이 무슨 말을 해도 좋지만 놀이는 계속되어야 한다. 고지가 멀지 않았다. 당신은 벌써 한 걸음 한 걸음 적나라한 진실에 다가서고 있다. 가장 중요한 부분이 곧 허공을 가르며 나타날 것이다. 종이 위에는 근본적인 변화가 생겼다. 세 가지가 검은 점이 되고 이제 두 가지만 남았다. 번잡하던 물건이 이제 깔끔하고 수려한 용모를 갖추게 되었다. 까맣게 칠해진 세 점은 마치 검은 석비처럼 나의 사랑 속에서 묻혔다. 아직 다 끝나지 않았다. 우리는 계속해야 한다.

강의실이나 회의장에 있으면, 이런 경우에 보통 사람들은 서로 쑥덕거리면서 놀이를 권한 사람에게 불손한 말을 내뱉는다. "당신은 도대체 어떻게 된 사람입니까? 당신이 강요하는 바람에 내가 그토록 사랑하던 것들을 하나씩 버렸소. 말 타면 경마 잡히고 싶다더니, 아직도 남은 겁니까? 그렇게 흉악하게 몰아붙이지 말아요. 더 이상 이런 짜증나는 놀이는 안 하겠어요!"

증오를 이해한다. 짜증이나 숨겨졌던 두려움이 겨냥하는 것은 놀이가 아니라 운명이다. 이 놀이는 괴롭히려고 고안한 것이 아니다. 이를 갈면서라도 계속하기를 바란다. 가는 데까지 놀이를 해보자. 당신에게 강요하는 건 내가 아니라 생활 자체이다. 참혹한 압박은 종이로부터 오는 게 아니라 예측할 수 없는 운명에서 오는 것이다. 위험은 도처에 도사리고 있고 기회는 잠시 왔다가 사라지고 만다. 물론 당신이 놀이를 계속하지 않겠다면 그만두고 물러나 버려도 어쩔 수 없다.

그러나 놀이를 계속하면 이익이 있다. 결국 이것은 하나의 놀이일 뿐이다. 나의 선택이 아무리 감정을 상하게 한다고 해도 결국은 현실에서 일어나지는 않는다. 운명 자체를 정복할 때의 맹렬함은 최고의 상상력을 동원한 놀이의 백배 이상일 것이다.

조금만 더 하면 끝난다. 나의 삶이 전에는 겪어보지 못했던 나락으로 미끄러진다면 나는 일생에서 가장 고통스럽고 가장 과감한 결정을 해야 할 것이다. 이제 한 가지만을 남길 수 있다. 나머지는 다 버려야 한다.

마지막까지 버리지 못하는 것은 무엇인가

놀이를 여기까지 진행하고 나면 사람들의 시끄러운 목소리는 사라지고 주위가 태곳적처럼 적막해진다. 수십 명, 수백 명이 있는 회

의장인데 바늘이 땅에 떨어지는 소리가 들릴 것처럼 조용하다. 모든 사람이 마음을 있는 대로 졸인 상황에서 두 가지를 남긴 채 고르기 작업에 들어간다. 두 가지 모두 지극히 사랑하는 것들이다. 어느 한 가지를 버리더라도 살을 에는 통증을 느끼게 될 것이다. 약간의 차이는 있겠지만 나에게는 회의장에서 울음을 삼키는 소리가 미약하게 들린다. 어떤 사람은 분노에 가득한 눈으로 나를 노려보면서 이 비인도적인 규칙을 깨라고 요구한다. 내 마음인들 어찌 편하겠는가? 당초 나 자신도 이 단계까지 놀이를 했을 때에는 오장에 불이라도 난 것처럼 종이를 던져버리고 쏜살같이 도망가지 못하는 나를 원망했다.

"견뎌야 해." 나는 스스로에게 말했다. 그리고 지금까지 이 놀이를 한 걸음씩 따라온 친구들에게도 같은 말을 건네고 싶다. "당신이 진정 아끼는 것을 잃었으니 울어도 좋습니다. 당신이 떼어낼 수 없을 정도로 정이 들었으니 망설여도 됩니다. 후회해도 됩니다."

그러면 끝없는 망설임 속에서 마음을 졸일 것이다. 물론 '아무 행위도 하지 않을 수도 있다. 선택하지 않는 것이다. 세 가지를 지웠으니 두 가지쯤 남기면 어떨까, 안 될 게 무엇이겠는가?

그렇다. 우리는 이 놀이를 피해갈 수 있다. 그러나 다가오는 운명을 피할 수는 없다. 큰 어려움이 닥쳤을 때 위기일발의 상황에서 어느 곳에 숨을 것인가?

종이 위에는 한 가지가 남았다. 이것은 내가 가장 아끼고 사랑하는 것이다. 네 가지를 지워 없앨 때도 그것들은 하나같이 나에게 소중한 것이었다. 지워지는 순서가 바로 나의 마음속에서 나눈 위아래 단계이다. 이 순서를 잘 기억해두기 바란다. 살다가 누구 말을 믿어야 좋을지 모를 때 머릿속의 프린터기를 작동시켜서 이 형태 없는 종이를 인쇄해보라. 아마도 기적이 일어날 것이다. 해답도 자연스럽게 얻어질 것이다.

아래 나의 다섯 가지를 적어보라.

1.

2.

3.

4.

5.

이 밤은 나에게 속해 있고, 이 페이지는 나에게 속해 있다.

커피 한 잔, 백지 한 장, 펜 하나.

이제 이 놀이를 시작할 준비가 되었는가?

주의하라. 놀이를 시작하기 전에는 커피나 차를 마셔도 좋지만

놀이를 하는 중에는 마실 수 없다.

물을 마시면 마음속의 긴장이 풀리게 되는데,

어떤 상황에서는 그것도 도피가 되기 때문이다.

간혹 내게 이렇게 묻는 사람이 있다. "도대체 남아 있는 것 중 어느 것이 정확한 것인가요? 정확한 최종 답안이 있는 건가요?" 어떤 의미에서 마음 놀이는 답이 없는 게임이다. 나의 사고논리와 가치관에 따라 선택을 하고 내가 순서 조합을 만들어내는 것이다. 다른 사람을 방해하지만 않으면 옳고 그름의 차이라고 할 것이 없다. 진실과 허위, 정돈과 혼란, 조화와 번잡의 구분만 있을 뿐이다.

나는 많은 사람들의 답안을 보았다. 그분들의 나에 대한 믿음에 감사하기도 하지만 동시에 그 결과가 상당히 일치한다는 사실에 놀라기도 했다. 사람들이 쓴 것들은 대체로 '가족, 친구, 사랑, 건강, 즐거움'이었다. 삭제하는 과정에서 순서는 제각각이지만 가장 마지막에 남는 것은 다섯 가지가 전부 해당된다. 물론 예외도 있다.

만약 가장 마지막에 '돈'을 남겼다면 사랑, 친구, 가족 등에 대해서 길고 짧은 탄식을 할 필요가 없다. 내가 그것들을 끝까지 남겨두지 않았기 때문에 그것이 내게 주는 윤기와 따뜻함, 깊은 향을 맛보지 못할 테니까. 내가 일찌감치 버린 것에게 내가 어려울 때 함께 곁에 있어주기를 어떻게 바라겠는가? 운명이 가지고 논다고 원망하지 말기를 바란다. 돈은 나에게 갖가지 편리를 제공하기도 하지만 파리를 끌어들이는 꿀과도 같다. 만약 내가 사랑하는 이가 내가 그를 가장 필요로 하는 때에 옷깃을 떨치고 떠나간다고 해도 매정하다고 화내지 말기를 바란다. 내가 돈을 최고로 여길 때는 내가 사귀는 사람들과 대등한 법칙을 따른다. 넉넉할 때는 사치스럽고 방탕하게 지내니까 셀 수 없이 많은 친구들이 나를 둘러싸겠지만 너무 자만해서 우쭐거려서는 안 된다. 그들이 노리는 것은 내 주머니 속에 든 돈이지 나라는 사람은 아니다. 돈을 다 써버리고 나면 그들이 새떼처럼 흩어져도 원망할 수 없다.

다행스럽고 놀라운 것은 이 놀이에서 백지에 글자로 흔적을 남긴 수많은 사람들 가운데 단 한 사람도 '돈'을 최후까지 남긴 사람이 없다는 것이다. 최후에 남은 세 가지, 두 가지에 '돈'이 남은 경우도 뜻밖에 적었다. 언뜻 생각하면 이해가 되지 않는다. 현실에서는 돈을 밝히는 사람이 많고 돈을 위해서라면 모든 것을 다 버릴 것 같은데도 정신이 맑을 때 무엇이 삶에서 가장 중요한지를 곰곰이 생각하고 나서는 거의 모든 이들이 돈을 버렸으니 말이다.

삶은 이렇게 사람을 속이는 경우가 있다. 행동과 목적이 다른 일은 얼마든지 있다. 우리의 최종 목적은 가장 많은 돈이 아니라 가장 큰 행복에 있기 때문이다.

행복과 돈은 관련이 있지만 절대적인 것은 아니다. 어떻게 마음속을 행복으로 가득 채울 것인지는 하나의 예술 작품을 어떻게 창조할 것인지 고민하는 일과 같다.

모든 결정을 할 때는 취사선택을 해야 하고, 취사선택을 하면 고통이 따른다. 세상에 완벽한 대책이라는 것은 없다. 어떤 결정이든 버리는 부분이 있기 마련이고 모두 편하기만 할 수는 없다. 내 삶에서 무엇이 가장 중요한지 분명해졌으면 중요한 것을 순서대로 배열하라. 그런 다음 남은 일은 주어진 실마리를 따라 찾아나서는 것이다. 이렇게 말하는 사람도 있을 것이다. "중요한 것이 바뀔 수도 있지 않나요?"

세상에 절대로 변하지 않는 것은 없다. 이런 관점에서 보면 '나의 가장 중요한 다섯 가지'도 바뀔 수 있다. 그러나 어른으로서 나의 세계관은 기본적인 틀과 안정된 체계를 갖추고 있다. 태양계의 질서가 크게 어지러워져서 명왕성이 화성 옆에 있는 모습을 상상하기는 힘들다. 내가 내린 결정을 살펴보면 대체로 어떤 모델을 찾을 수 있다. 그것은 직관과 예측 그리고 가치관이 더해져서 종합적으로 결정되는 것이다. 놀이는 정찰병처럼 나의 가치관을 탐사하는 일을 돕고 이제 그것을 상부에 보고한다.

어떤 사람이 내게 물었다. "이미 나의 다섯 가지를 알고 있으니, 다른 사람의 가장 중요한 다섯 가지가 무엇인지 알려줄 수 있습니까?"

내가 사는 이유는 무엇인가

수학을 연구하는 한 노교수가 있었는데, 그가 마지막까지 남긴 소중한 것은 동물이었다. 판다곰이나 공작새도 아니고 그가 쓴 동물은 '돼지'였다. 답을 확인한 순간 나는 내 눈을 의심했다. 일반인의 눈에 돼지는 더럽고 멍청하고 게으른 동물일 뿐인데, 깊은 학식을 갖춘 학자가 가장 아끼는 것이라니, 어떤 사정 때문일까?

사람들이 놀라는 모습을 보고 노교수는 사연을 들려주었다.

"저는 놀이를 해본 적이 없습니다. 당신도 알다시피 근엄한 과학자에게 놀이는 유치원 아이들이나 하는 활동으로 보이니까요. 이 놀이를 하다 보니 고통스럽던 옛일이 떠올랐습니다. '문화대혁명' 당시 저는 '자산계급의 반동적 학술권위자'라는 명목으로 낮에는 비난을 받고 밤에는 소 외양간에 끌려가 온갖 고초를 겪었습니다. 훗날 변방으로 보내져 노역을 했는데, 그곳의 산에는 돼지 수십 마리가 있었습니다. 조반파(造反派, 문화대혁명 시기 '조반(造反, 반역)'이라고 스스로 부르며 표방하고 나선 일종의 군중조직으로, '보황파保皇派'에 상대되는 개념이다. 문화대혁명 초기의 홍위병에 이어 사회로 나간 이들인데, 당시의 지도체제와 실무 책임자와 맞서며 그들을 비판하는 태도를 취했다.-옮긴이)는 살기가 등등해서 저에게 말했습니다. '돼지 한 마리라도 잃거나 도망가게 해서도 안 되고 돼지가 마르거나 병이 나거나 죽기라도 하면 당신 목숨으로 갚아야 할 거야.' 제 아내는 저와 연좌되지 않으려고 이혼을 했습니다. 아이들도 저와 선을 분명하게 그으면서 저를 아버지로 여기지 않았습니다.

저는 매일 산자락에서 외롭게 돼지들과 함께 지냈습니다. 동이 틀 때부터 해질 무렵까지 수없이 돼지 숫자를 세고 돼지 털을 쓰다듬으면서 돼지들이 길을 잃거나 병이 나지 않도록 보살폈습니다. 낮에는 돼지만 배불리 먹이고 저는 차갑고 딱딱한 음식으로 겨우 끼니를 해결했습니다. 밤이 되면 돼지가 코를 골면서 잠든 다음에야 눈을 붙일 수 있었습니다. 점차 저는 돼지들과 깊은 감정을 공유하게 되었습니다. 비바람이 몰아치는 이 세상에서 저를 백안시하거나 때리지도 않고, 욕하거나 모욕을 주지도 않은 것은 돼지뿐이었습니다. 착하고 성실한 돼지는 저를 속이거나 결점을 들추지도 않았고 저를 버리고 떠나지도 않았습니다. 그때부터 제 마음속에는 돼지가 아내나 아이들보다 더 중요한 존재가 되었습니다. 나아가 돼지는 제 일과 이상보다 더 소중해졌습니다. 돼지를 잃어버리면 제 생명이 끝나는데, 어떻게 사치스럽게 일이며 이상을 논하겠습니까? 돼지는 저에게 모든 것이었습니다. 그래서 '돼지'를 남긴 것입니다. 돼지는 인간보다 믿을 만하고 못살게 굴지도 않고 신뢰를 강요하지도 않았습니다. 배반하지도 않고 음모를 꾸미지도 않았습니다. 말해보세요. 이런 상황에서 제가 마지막까지 돼지를 남기지 않고 무엇을 남기겠습니까?"

백발이 성성한 노교수에게 사람들은 무슨 말을 해야 좋을지 몰라 숙연해졌다. 여기서 돼지는 더 이상 말 못하는 동물이 아니라 양지良知와 안전함을 뜻하며, 우애와 신뢰를 상징한다. 이러한 사실에는 염량세태炎凉世態가 압축되어 있으며, 정의와 온정에 대한 노교수의 갈망이 드러나고 있다.

뛰어난 실적을 쌓아온 한 여성 기업가가 있다. 그녀는 답안을 작성한 후 내 앞에 놓았다. 그러고는 오른손 집게손가락을 입술 위에 올리고는 말했다. "절대 놀라지 마세요."

그녀는 나에게 맨 처음 버린 게 남편이고 마지막으로 남긴 건 아들이라고 고백했다. 그녀는 말했다. "선생님께 묻고 싶어요. 이 놀이에서 남자들은 아내와 아이를 가장 빨리 버리지 않나요?" 나는 대답했다. "그런 분도 있습니다. 하지만 아내와 아이를 가장 늦게까지 남겨두는 남자도 있습니다.”

여성 기업가가 말했다. “제게는 오랫동안 풀리지 않는 문제가 있어요. 열애중인 남녀가 늘 다투는 문제이기도 해요. 아내와 부모가 물에 빠지면 당신은 누구를 먼저 구하겠느냐는 질문이에요. 얼마나 많은 연인들이 이 어려운 문제 때문에 헤어졌는지 알고 있어요. 선생님의 놀이로 이 어려운 문제를 풀 수 있을까요?”

나는 대답했다. “아마 가능할 것입니다. 한 남자가 그의 부모를 최후까지 남겼다면 당신은 그의 부모의 기대와 의지가 그가 선택하는 방향에 영향을 미쳤을 것이라고 판단할 수 있습니다. 이것이 옳은지 그른지는 말할 수 없지만, 필요할 때 그의 부모의 사람됨과 성격을 이해하는 일까지 그의 여자 친구는 충분히 고려해야 합니다. 신혼의 밤, 침대에 누운 사람은 신혼부부만이 아니라 몸을 숨긴 시부모도 있을 것입니다. 만약 당신이 이런 남편을 사랑한다면 마음의 준비를 충분히 해야 할 것입니다. 헤어질 때는 더 많은 타협과 양보가 필요할지도 모릅니다. 이런 상황을 참고 지내는 것을 받아들이지 못한다면 심각하게 당신의 결정을 재고해봐야 합니다.”

여성 기업가는 이 대목까지 듣고는 말했다. “다른 사람 이야기 말고 제 이야기를 할게요. 저는 일찍 남편을 버렸어요. 남편이 저를 전혀 사랑하지 않기 때문입니다.”

나는 말했다. “당신을 사랑하지 않는 사람을 버린 것은 잘못이 아닙니다.” 여성 기업가가 다시 물었다. “아이를 마지막까지 남긴 것은 바보 같은 일이 아닐까요?”

나는 대답했다. "저도 어머니예요. 그런 선택을 존중해요."

여성 기업가가 말했다. "하지만 저는 아직도 잘 모르겠어요. 이렇게 순서대로 늘어놓는 게 저의 실생활과 무슨 관계가 있을까요?"

나는 대답했다. "제가 해석해볼게요. 꼭 맞는다는 보장은 없으니 틀리더라도 양해해주세요. 당신 생활에서는 아직도 남편이 상당히 중요한 위치를 차지하고 있어요. 당신의 가장 중요한 다섯 가지 중 한 가지가 된 것으로 보아 짐작할 수 있어요. 하지만 애정은 사라진 지 이미 오래되었어요. 당신 남편과 당신이 뒤쪽에서 지워나갈 항목에서 서로 더 크게 부딪힌다면 당신이 먼저 그를 버리고 정중하게 이혼을 고민해보세요. 당신이 아이를 가장 중요한 자리에 두었다는 것은, 당신이 모든 결정을 할 때 아이의 이익을 가장 우선시한다는 말입니다."

내가 말을 끝내기도 전에 여성 기업가가 큰 소리로 외쳤다. "제가 무엇을 해야 하는지 알겠어요! 최근 회사에서 멀리 장기 출장을 가겠느냐는 제안을 받았어요. 아주 좋은 조건을 제시받았지요. 저는 순간 갈지 말지 고민했습니다. 아이가 곧 중학교 입학시험을 치러야 해서 부모의 도움이 절실하게 필요한 때이니까요. 처음에는 외지에 가서 돈을 많이 벌어서 아이에게 조금이라도 더 많은 재산을 남겨주고 싶었습니다. 나중에 도움이 될 테니까요. 그러나 이 놀이를 하다가 깨달았어요. 저에게 가장 소중한 것은 아이예요. 아이에게 결정적으로 중요한 때인데 어떤 이유로든 제가 다른 곳으로 갈 수는 없어요. 아이에게는 엄마의 지원과 격려가 돈보다 더 중요하지요.

아무리 많은 금은보화를 남겨준다고 해도 곤경에 처했을 때의 경험이나 용기를 남겨주는 것만은 못할 거예요. 회사에서 돈을 아무리 많이 준다고 해도 장기 출장은 가지 않겠어요."

나의 결정과 가치관의 조화가 필요하다

이제 여성 교도소 이야기를 마무리할 차례이다. 나는 그때 이렇게 말했다.

"종이도 펜도 없으니 여러분은 머릿속에서 백지 한 장을 상상으로 만드세요. 그리고 가장 소중한 다섯 가지를 순서대로 적으세요." 나는 연단 아래에 있는 재소자들에게 말했다. "여러분이 마음속에 가장 마지막으로 남긴 게 무엇인지 저는 모릅니다. 우리가 처한 상황 때문에 서로 소통할 수 있는 방법도 없습니다. 그래도 저는 자신 있게 말할 수 있습니다. 여러분이 가장 마지막으로 남긴 것은 죄스럽거나 추한 게 아니라 따뜻하고 밝은 것일 거예요. 해가 동쪽에서 떠오른다는 사실만큼이나 저는 이것을 믿습니다. 제아무리 높은 담장 안이라고 해도 말입니다."

이 말을 마치고 놀이가 끝났다고 선언하려고 하는데, 옆에 있는 교도소장이 마이크를 가져가더니 이렇게 말했다.

"제가 몇 마디 덧붙이겠습니다. 방금 이 놀이를 할 때 비수민 선생은 여러분에게 눈을 감으라고 했지만 저는 줄곧 눈을 뜨고 있었습니다. 왜냐고요? 제 일이 눈을 부릅뜨고 여러분을 지켜보는 일이기 때문입니다. 저는 눈을 뜬 채로 놀이를 끝까지 따라했습니다. 제가 마지막까지 남긴 게 무엇인지 여러분께 말씀드리겠습니다. 그것은 바로 제 일입니다. 제 일은 여러분을 지켜보는 것입니다. 저는 정말 일을 좋아합니다. 제 생각에는 여러분이 최후에 남긴 것이 자유일 것 같습니다. 아니, 틀림없이 자유일 거예요. 여러분은 왜 이 거대한 담장 안에 갇혀 있습니까? 여러분 자신이 저지른 범죄로 인해 다른 사람의 자유를 파괴했기 때문입니다. 여러분을 여기 가둔 것은 사회를 더 안전하고 자유롭게 만들기 위해서입니다. 자유라는 것은 좋은 것입니다. 지금 이 순간 여러분은 각별히 그 자유를 소중하게 여기고 있을 것입니다. 그렇다면, 저는 여러분이 이 놀이를 잘 기억해두기를 바랍니다. 내가 가장 소중하게 여기는 것이 무엇인지 기억하고 실천해서 나의 아름다운 바람을 이루기 바랍니다."

감옥에서 박수 치는 게 허용되는지는 잘 모르겠지만 여하튼 그날은 박수소리를 전혀 듣지 못했다. 소장이 한 말을 듣고 잔뜩 겁이라도 먹은 것 같았다. 뒷날 나는 여성 교도소에서 편지 한 통을 받았다. 편지의 주인공은 눈이 내리는 날에 했던 그 놀이가 그녀에게 형벌을 내렸던 재판의 순간보다 더 깊은 인상을 남겼다며, 영원히 뇌리에 각인될 것이라고 말했다.

앞서 말했던 CEO가 마지막까지 남긴 것이 무엇인지, 그리고 왜 그것을 비밀로 했는지는 나도 모른다. 내가 아는 것은 그가 뒤에 대학에 가서 교수가 되었다는 사실뿐이다.

이 놀이를 끝낸 다음 결과를 놓고 남편이나 아내 또는 부모, 친구와 함께 이야기를 나눌 수 있다. 물론 놀이하는 과정에서 배우자의 이름을 먼저 지워버렸다면 그 대목은 조심해야 할 것이다. 그러나 사실대로 알려도 큰일이 있을 것 같지는 않다. 그게 바로 진정한 나이며 내가 소중하게 여기는 순서가 아니겠는가. 아름다운 환상보다는 참혹한 진실이 더 나은 법이다.

가치관은 사람에게 깊은 영향을 준다. 사람은 가치관을 실현하기 위해 죽기도 하고 타인을 죽이기도 하며 자신을 희생하고 타인과 싸우기도 한다. 교만함과 자존심을 위해서 생명에 대한 사랑을 버린다. 자부심과 명예를 위해 몸을 바친다. 정직한 명성과 자비로운 감정을 위해서 재산을 버린다. 사람이 행동을 취하는 가장 보편적인 방법은 보이지 않는 가치를 실현하는 것이다. 안전함을 중시하고 도전을 두려워하는 사람이 있다면 이 사람은 이 가치를 실현하기 위해 오랜 기간에 걸쳐 아주 작은 일들을 실천할 것이고 그로부터 기쁨을 얻을 것이다. 자극을 중시하는 사람은 이 가치를 실현하기 위해 생명을 걸고 모험을 할 것이고 도전적이고 위험한 일에 종사할 것이다.

어려운 결정의 순간에 나의 가장 중요한 다섯 가지를 떠올려보라. 마음이 건강한 사람은 문제가 전혀 없는 사람이 아니라 문제를 효율적으로 해결할 수 있는 능력을 가진 사람이다. 나의 결정과 가치관의 원만한 조화는 마음의 건강을 위한 비결임을 잊지 말자.

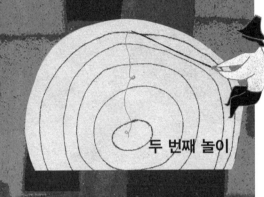

두 번째 놀이

나의 가장 중요한 타인은 누구인가?

나에게 긍정적인 자극을 주는 '중요한 타인'은
이미 나의 정신 구조의 일부가 되었다.
그들의 기대와 가르침은 이미 나의 핏줄이 되었고
나는 영원히 그들에 대한 믿음과 사랑을 버리지 않을 것이다.
그러나 그것은 '중요한 타인'의 눈빛 속에서가 아니라
나의 노력 속에서 살아 있는 것이다.

나의 결정적 한 사람을 찾아보자

첫 번째 놀이를 마치고 나면 약간 피곤할 것이다. 스스로 보낸 정찰병을 통해서 내면을 들여다보는 일은 결코 가벼운 일이라고 할 수 없다. 두 번째 놀이의 과정은 상대적으로 간단하다. 하지만 분량은 만만치 않다. 놀이의 제목은 '나에게 가장 중요한 타인은 누구인가?'이다. '중요한 타인Significant Other'은 심리학 용어로서, 한 사람의 심리와 인격 형성 과정에서 큰 영향을 미치거나 결정적인 역할을 한 사람을 가리킨다.

'중요한 타인'은 부모님과 어른 또는 형제자매가 될 수도 있고, 나를 가르친 선생님 아니면 우연히 길에서 만난 사람이 될 수도 있다. 어린 시절의 기억은 신비하고 오묘한 법칙을 따른다. 내가 기억하려고 한 사람과 사건은 세월의 잿더미 속에서 연기처럼 사라지는 경우가 많다. 그러나 특정한 사람과 사건은 아무리 잊으려고 해도 잊히지 않고 일생에 영향을 미친다. 만약 내가 그것을 찾아내서 새롭게 인식하고 파악하지 않으면 주술呪術처럼 무의식의 바닷속에 숨어 있다가 해류와 계절풍의 방향에 영향을 줄 것이다. 나의 성격과 반응 모델의 어떤 부분에는 '중요한 타인'의 영향이 깊이 낙인찍혀 있다.

이 대목은 말하기가 다소 까다로우니 나의 이야기로 풀어보겠다. 이야기의 주인공은 나와 나의 '중요한 타인'이다.

그녀는 나의 음악 선생님이었다. 당시에는 무척 젊었던 그녀는 머리카락을 땋아서 두 갈래로 길게 늘어뜨리고 볼에는 보조개가 파인 여성이었는데, 웃을 때는 무척 예뻤다. 물론 화를 낼 때는 보조개는 어디론가 사라지고 얼굴은 저승사자로 변하고 나무토막처럼 딱딱하게 굳었다. 그때 나는 열한 살쯤이었는데 키가 크고 반장을 하고 있었기 때문에 아이들 사이에서 제법 위신이 있었다. 그래서 자존심도 세고 허영심도 강했다.

우리 학교에서는 오월에 합창대회를 치르고 나서, 중점 초등학교에서 열리는 합창대회에 참가하려고 했기 때문에 교장 선생님은 큰 관심을 보이면서 우리 학교 합창단이 좋은 순위에 올라서 학교의 명예를 빛내주기를 바랐다. 가장 촉망받던 팀은 남녀 혼성 합창단이었는데, 음악 선생님이 직접 지휘를 맡아 매일 오후 합창단 친구들을 모아놓고 고된 훈련을 시켰다. 나도 합창단에 뽑혀서 방과후 친구들의 부러워하는 눈길을 받으며 음악실에 가서 소리 높여 노래를 불렀다.

하루는 노래 연습을 하는데, 길게 머리를 땋은 음악 선생님이 갑자기 지휘봉을 떨어뜨리고는 쏜살같은 걸음으로 단상에서 내려오더니 이곳저곳을 예리한 눈으로 살폈다. 모두 이유를 알 수 없어서 입을 다물었다. 결국 그녀는 참지 못하고 버럭 소리를 질렀다. "왜 나를 보고 있어? 노래해! 부르라고 하면 불러야지! 큰 소리로!" 선생님은 말을 마치고는 합창단 근처로 걸어오더니 목을 삐딱하게 숙인 채 우리 노래를 들었다. 아이들은 심각한 선생님의 표정을 보고는 각별히 더 신경 써서 노래를 불렀다.

선생님은 저승사자같이 음침한 얼굴로 한 차례 둘러보더니 결국 내 앞으로 걸어왔다. 그녀가 손으로 결단성 있고 단호한 제스처를 취하자 순간 합창단 전체가 조용해졌다. 그녀는 양손으로 허리를 짚고는 또박또박 한 마디씩 말했다. "누군가 계속 음정이 틀리는 것을 단상에서 계속 듣고 있었다. 바로 너였구나! 내가 내려와서 한 사람 한 사람씩 들어보고서야 찾아냈어. 바로 너였어! 미꾸라지 한 마리가 도랑물을 흐린다더니! 이제부터 넌 제명이다!"

나는 얼음처럼 빳빳하게 굳은 채 이 갑작스러운 일을 어떻게 받아들여야 할지 몰라 쩔쩔맸다. 방금 선생님이 내 옆에서 유난히 더 오래 머무른 것은 내 목소리를 감상하려는 것이라고 여기고 더 열심히 노래했는데 이렇게 야단맞을 줄은 상상도 못했던 것이다. 완전히 기가 죽은 나는 서 있던 줄에서 내려왔고 수치심을 견딜 수가 없어서 교실 밖으로 걸어 나갔다.

그 당시의 나는 기본적으로 아무런 생각이 없는 여학생이었기 때문에 처벌을 받고는 스스로 재수가 없다고만 생각했다. 혼자 운동장으로 뛰어가서 농구 연습을 하면서 나를 다독였다. '흥, 노래하지 못하게 하면 안 하고 말지. 앞으로도 여자 소프라노가 될 생각은 없으니까.' 온몸이 땀에 흠뻑 젖을 때까지 농구 연습을 했더니 금세 녹초가 되었다. 어린 나이에 벌써 중국인의 전통적인 정신승리법(중국 근대 최고의 작가 루쉰魯迅이 쓴 「아큐정전」에서 주인공 아큐는 끊임없이 남에게 수모를 당하면서도 혼자만 자기가 잘하고 있다고 생각하는 일종의 자기세뇌를 한다. 이를 정신승리법精神勝利法이라고 한다.-옮긴이)을 배웠던 것이다. 이렇게 생각하며 나는 유치하고 지기 싫어하는 마음을 달래고 있었다.

사흘 후 운동장에서 농구 연습을 하고 있는데, 합창단의 한 여학생이 숨을 헐떡이며 달려오더니 말했다. "비수민! 여기 있었구나! 음악 선생님이 너를 찾으셔!" 나는 이상해서 되물었다. "나를 무슨 일로 찾는 거야?" 그 학생이 말했다. "다시 합창단에서 연습하게 하려는 모양이야."

나는 짜증이 울컥 솟았다. '음정이 틀렸다고 나 같은 애는 필요 없다고 모질게 내쳐놓고 왜 생각을 바꾼 거지? 옳아, 분명히 이리저리 생각을 해보니 비수민이 아직 쓸 만하다는 것을 알았나 보군.' 운동장에서 음악실로 가는 몇 분 동안 마치 중요한 임무를 수행하기 위해 황제 곁에 불려가서 "성은이 망극하옵니다!"라고 소리 높이 외치는 신하라도 된 것처럼 내 마음은 행복과 동경으로 가득 찼다(소설을 엉터리로 읽고 제멋대로 연상하는 것이나 다름없다). 내가 음악실에 가서 목도한 것은 변함없는 저승사자의 얼굴이었다. 선생님은 짜증을 부리면서 이렇게 내쏘았다. "비수민! 나이도 어린 게 왜 그렇게 멀대처럼 키만 큰 거지?"

그 말 속에서 꾸중하려는 뜻을 눈치 채고는 나도 모르게 목을 움츠리고 허리를 숙였다. 그 이후 나는 청소년 시절 내내 그 자세로 지냈다. 남들 눈에는 내가 구부정한 낙타처럼 보였을 것이다.

선생님은 아직 분이 다 풀리지 않았는지 말을 이었다. "키가 그렇게 큰 녀석이 노래할 때 줄 중간에 서서 음정을 틀리니까 합창단 전체에 문제가 생기게 됐잖아. 너 때문에 다른 남학생 하나도 내보내고 나서야 음이 균형을 이루게 되었어. 너 때문에 합창대회에 출전하기가 힘들게 됐잖아!"

나는 고개를 푹 수그렸다. 그저 나의 일이라고만 생각했는데, 무고한 사람에게까지 피해를 입혔던 것이다. 그 사실을 알고는 나 자신을 용납하기가 어려워졌다. 선생님은 계속 내 잘못을 늘어놓으며 나를 나무랐다. 처음에도 합창단에 사람이 많지 않았는데 단원이 줄었으니 이제 어떻게 노래를 하겠느냐고, 이제 키 큰 여학생을 찾아서 다시 호흡을 맞추는 일이 어디 쉽겠냐고, 이제 남은 건 최후의 방법뿐이라고…….

선생님이 나를 쳐다보자 나는 다시 희망을 가졌다. 선생님의 다음 전략은 원치 않더라도 나를 다시 합창단으로 받아들이는 게 아닐까 하고 생각했다. 나는 당장이라도 틀린 음정을 바로잡아서 훌륭한 합창단원이 되겠다고 결심했다.

내가 간절한 눈길로 선생님을 바라보자 아이들도 나를 둘러쌌다. 오랜 시간 연습을 같이 했으니 아쉬운 마음이 있었을 것이다. 목소리 큰 내가 빠지고 다른 남학생도 하나 빠져서 음색이 많이 약해졌을 테니 모두들 우리가 돌아오면 환영할 것이라고 생각했다.

선생님이 일어났다. 얼굴은 여전히 뻣뻣하게 굳은 채였다. 그녀가 말했다. "비수민, 잘 들어라. 합창단에 돌아와도 좋다. 하지만 똑똑히 기억해둬. 너는 숫자를 채우기 위해 있는 거야. 이제부터는 입만 벌리고 소리를 내서는 안 된다!" 그 말을 마치고는 내가 이해를 못할 것이라고 생각했는지 긴 집게손가락을 뻣뻣하게 세워서 내 입술

사이를 가로막는 제스처를 취했다.

나는 한참이 지나서야 선생님의 명령이 무엇인지 깨달았다. 입은 달렸지만 소리는 내지 못하는 목각 인형 노릇을 하라는 것이었다. 눈가에 눈물이 그렁그렁해졌지만 감히 눈물을 흘릴 수는 없었다. 나는 선생님에게 이렇게 말할 용기가 없었다. "허수아비 역할을 해야 한다면 합창단에서 빠지겠어요." 나는 말을 잃고 주눅이 든 채 묵묵하게 줄에 가서 섰다. 악기 반주가 시작되었지만 입 모양만 움직일 뿐 소리는 낼 수 없었다. 선생님은 그래도 마음이 놓이지 않는지 화음이 맞지 않으면 매서운 눈길로 나를 노려보았다.

우리 합창단은 대회에서 좋은 성적을 거두었다. 하지만 나는 그때부터 더 이상 노래를 부르지 못하게 되었다. 우리 학교에서는 졸업할 때 모든 학생이 음악 시험으로 노래를 한 곡씩 불러야 했지만 나는 그때도 노래를 부를 수 없었다. 소리가 아예 나오지 않았다. 옛일을 모르는 새로 온 음악 선생님은 이상하다는 듯 내게 말했다. "비수민, 말할 때는 아무런 문제가 없는데 왜 노래를 못하는 거니? 계속 노래를 부르지 못하면 이 과목에서 점수를 딸 수 없다. 그러면 졸업도 못해."

나는 울먹거리며 말했다. "저도 알아요, 선생님. 노래를 하지 않으려는 게 아니라 정말 노래를 할 수가 없어요." 내가 어쩔 줄 몰라 하자 선생님은 일부러 그러는 게 아니라고 판단하고는 특별히 음악 이론과 관련한 시험을 치르게 했고, 나는 문제를 전부 맞히고 나서야 음악 점수를 얻을 수 있었다.

훗날 베이징외국어대학 부속중학교 입학을 위해 구두시험을 치를 때도 노래 시험이 있었다. 나는 단호하게 시험관에게 말했다. "저는 노래를 부를 수 없습니다." 평생 공부만 했을 것 같이 생긴 그 선생님은 기이하게 여기며 물었다. "〈모범적인 레이펑(雷鋒, 중국 사회주의 건설기의 평범한 노동자로서, 동료를 사랑하고 도와주는 헌신적인 공산주의적 인간형의 모범으로 선양되었다-옮긴이)을 배우자〉도 못 부르는 건 아니겠지?" 이 노래는 그 당시 모든 중국인이 부를 줄 아는 곡이었다. 내가 이 노래도 못 부른다고 하면 백치로 여길 게 분명했다. 그러나 나는 그에게 정직하게 대답했다. "저는 노래를 부르지 못해요." 그러자 시험관이 말했다. "팔뚝에 찬 완장을 보니 학생 간부인 모양인데 어째서 노래를 부르지 못하는 것이지?" 당시 나는 마음속으로 '죽어도 이 학교를 시험보고 들어가지는 않겠어요. 누가 뭐라고 해도 노래를 부르지 않겠어요'라고 되뇌였다. "이 노래 가사는 적어 낼 수 있어요. 꼭 저를 테스트 하셔야겠다면 종이와 펜을 주세요." 나는 떨어질 각오를 하고 노래를 부르지 않으려고 시간을 끌면서 근엄한 시험관들과 팽팽하게 줄다리기를 했고, 그들을 속수무책으로 만들었다. 결과는 뜻밖에도 합격이었다. 나는 그들이 나를 합격시킬 것이라고는 상상도 하지 못했다. 아마 내가 처음부터 끝까지 생고집을 부렸기 때문에 훗날 키워볼 만한 인재로 여겼는지도 모른다. 입학하자마자 나는 친구들에게 입학시험을 치를 때 노래를 불렀느냐고 물었다. 모두들 말했다. "불렀지. 어려울 게 뭐 있어." 나는 아마도 베이징외국어대학 부속중학 신입생 중 노래를 부르지 않고 입학한 유일한 학생일 것이다.

그 이후로 수십 년의 세월 동안 음악 선생님이 치켜세운 집게손가락은 마치 주문처럼 나의 목청을 막아버렸다. 금지령이 도처에 깔리면서 목청을 써야 할 때가 되면 전전긍긍 어쩔 줄 몰라 쩔쩔매면서 도망칠 곳을 찾으려고만 했다. 노래를 다시 하지 않은 것은 물론이고 사람들 앞에서 발언을 해야 하는 강연이나 회의석상에 가도 마음속 깊은 곳으로부터 극심한 두려움이 솟아 올랐다. 나는 숨을 수 있으면 숨었고, 어떤 핑계와 이유를 대서라도 그런 자리를 회피하거나 어물쩡 넘겼다.

회의석상에서도 내가 말할 순서가 돌아오면 나는 핑계를 대고 화장실로 쪼르르 도망을 치기 일쑤였다. 눈총을 받았지만 개의치 않았다. 어떤 사람은 내가 오만하다고, 심지어는 예의가 없다고까지 면박을 주었다. 내 마음속 깊은 곳에 말 못할 두려움과 고통이 있다는 사실을 아는 사람은 한 명도 없었다.

그러다가 마음 놀이를 하게 되었다. 누가 나의 중요한 타인인지 떠올리면서 나에게 중요한 영향을 미친 사람들의 이름을 적는데 머릿속에서 나도 모르게 아름다운 보조개와 철판같이 냉랭한 얼굴의 소유자였던 음악 선생님이 떠올라 한차례 마음속에 전율이 일었다. 그때 나는 그녀가 나의 '중요한 타인'임을 알았다. 그녀의 이름은 이미 잊었지만, 그리고 당시 그녀의 의도나 고충은 이해하지만 성인의 지력을 갖추게 된 지금도 그녀가 내 어린 마음에 남긴 고통의 흔적은 지울 수 없다. 붉게 남은 상처의 흔적이 수십 년이 지난 지금까지도 내게 달라붙어 있는 것이다.

프로이트 정신분석학에서는 정성스럽게 보살핌을 받은 아이에게도 마음의 상처가 남을 수 있다고 한다. 아이의 지력 발전에는 규칙이 있어서 어렸을 때는 모든 일을 온전히 명확하게 판단할 수 없다고 한다. 아이가 그것을 나의 잘못이라고 생각하기 때문이다.

여기까지 말하면 똑똑한 사람은 이미 이 놀이를 하는 법을 깨달았을지도 모른다.

백지 위에 '○○○의 중요한 타인'이라고 써보아라. 이 '○○○'는 물론 당신의 이름이다. 그러고 나서 줄을 바꿔서 순서대로 '중요한 타인'의 이름을 쓰고 그들을 뽑은 이유를 적으면 이 게임은 끝난다. 단계는 한두 개밖에 안 되지만, 그 분란이 생긴 단층으로 인해 종종 마음속에서는 격렬한 지진이 발생하기도 한다.

생활과 운명을 결정짓는 중요한 타인

아이의 성장은 부모의 눈동자 속에서 나의 존재를 확인하는 일로부터 시작된다. 어리고 약한 아이에게는 아직 독립적으로 세계를 인식할 수 있는 능력이 없다. 발육기에 철분과 어간유가 뼛속에 들어가듯이, '중요한 타인'의 영향도 아이의 마음속으로 들어간다. '중요한 타인'이 한 말, 한 일, 그들의 희로애락의 방식이 마치 마법처럼 내 마음 가장 은밀한 곳에 씨를 심고 뿌리를 내리며 싹을 틔운다. 내 몸속에는 분명히 '중요한 타인'의 그림자가 남아 있다.

미국의 유명한 텔레비전 프로그램 진행자 오프라 윈프리의 이야기를 해보자. 그녀는 〈포브스〉가 발표한 '세계에서 가장 영향력 있는 유명인'에 들어감으로써 성공한 흑인 여성의 상징이 되었다.

　그녀의 부모는 결혼도 하지 않은 채 그녀를 낳았다. 그녀가 어렸을 적에 살았던 집에는 수도도 없었다. 하루는 윈프리가 구석에서 공부를 하고 있는데, 외출했던 어머니가 들어오더니 그녀가 공부하던 책을 빼앗고 욕을 바가지로 퍼부었다. "쓸 데라곤 하나도 없는 책벌레 같으니, 그 엉덩이를 들고 당장 밖으로 나가지 못해! 네가 무슨 중요한 인물이라도 된다고 생각하는 것이냐, 이 백치 같은 것!"

　윈프리는 아홉 살에 사촌오빠에게 성폭행을 당했고 열네 살에 임신을 했다. 아이는 태어나자마자 죽었다. 윈프리는 자포자기한 나머지 마약을 시작했고 폭음과 폭식을 거듭한 결과 엄청난 비만이 되었다. 그녀는 자살까지 시도했다. 당시 그녀 자신을 포함해서 그녀에게 기대를 품은 사람은 아무도 없었다. 바로 그때, 아버지가 그녀에게 이렇게 말했다. "어떤 사람은 일을 만들고, 어떤 사람은 일어난 일을 보고 있고, 어떤 사람은 어떤 일이 생겼는지조차 모른단다."

　극도의 허무에 빠져 있던 윈프리는 그 말을 듣고 기운을 내기 시작했다. 그녀는 자기 인생에 어떤 일이 생길 수 있는지 알고 싶었던 것이다. 그녀는 당당하게 '일을 만드는 사람'이 되겠다고 마음먹었다. 대학 졸업 후, 윈프리는 한 텔레비전 프로그램의 진행자 자리를 얻었다. 1984년 에이엠 시카고AM Chicago의 진행자가 된 그녀는 큰 성공을 거두었고, 이 프로그램은 짧은 시간 내에 미국 전체에서 최고의 시청률을 가진 프로그램이 되었다. 그녀는 전국적인 범위의 독서 프로그램을 시작했고, 책에 대한 그녀의 뜨거운 애정과 영향력은 많은 책들의 운명을 바꾸었다. 그녀가 토크쇼 프로그램에서 호평한 책은 곧바로 베스트셀러가 되었다. 윈프리는 자기 회사를 세우고 잡지도 창간했으며 인터넷 회사의 주주가 되었다. 기부를 좋아하는 그녀의 명성도 프로그램만큼이나 드높다. 그녀는 매년 수입의 10분의 1을 자선단체에 기부한다. 윈프리는 자기 손으로 직접 여러 가지 일들을 만들어낸 것이다. 그녀는 자신이 이런 일을 할 수 있었던 가장 큰 힘의 원천이 "아버지의 말 한 마디였다"고 고백한다.

윈프리가 그녀의 '중요한 타인'을 쓴다면 윈프리의 아버지가 분명히 그 안에 가장 먼저 들어갈 것이다. 그는 윈프리에게 생명뿐 아니라 영혼까지 주었다. 윈프리의 어머니도 물론 중요한 타인 중 한 명이 될 것이다. 그녀는 정신적 폭력으로 어린 윈프리의 책에 대한 애정을 짓밟았고 그로 인해 오랫동안 잠재되었던 윈프리의 분노는 그녀가 어른이 되고 나서 엄청난 열정으로 책에 관한 창조적인 작업에 쏟아부을 수 있는, 마르지 않는 에너지원이 되었기 때문이다. 윈프리는 스스로 많은 책을 읽었을 뿐 아니라 좋은 책을 힘껏 추천하여 많은 사람들이 읽을 수 있도록 했다. 윈프리를 강간했던 사촌오빠도 그녀의 '중요한 타인'이라고 할 수 있다. 이 일로 인해 윈프리가 엄청난 고통을 겪고 인생을 포기하게 만들었으며, 훗날 그녀가 부를 거머쥔 후 많은 돈을 자선사업, 특히 아이와 흑인 소녀를 지원하는 데 쓰도록 이끈 인물이다. '중요한 타인'은 이렇게 생활과 운명에 영향을 준다.

미국 제너럴 일렉트릭 사의 CEO였던 잭 웰치는 '세계 제일의 CEO'라고 불리는 경영자이다. 그는 20년의 세월 동안 제너럴 일렉트릭 사의 시장가치를 이전보다 30여 배나 늘어난 4500억 달러로 높임으로써 세계 10위의 기업에서 세계 2위의 기업으로 끌어올린 사람이다. 웰치는 "어머니가 나에게 준 가장 위대한 선물은 바로 자신감"이라고 말한다. 웰치는 어려서부터 말이 어눌했다. 그가 대학에서 공부할 때 천주교도는 금요일에 육식을 금하고 있었기 때문에 학교 식당에서 웰치는 참치 샌드위치로 끼니를 해결했다. 이상한 것은, 여종업원이 늘 그에게 2인분을 주었다는 것이다. 왜 그랬을까? 웰치가 말을 더듬어서 메뉴의 앞 단어를 거듭해서 발음했기 때문에 '참치 샌드위치 2인분'으로 잘못 알아들었던 것이다.

이렇게 말을 더듬는 아이에게 웰치의 어머니는 완벽한 이유를 찾아주었다. 그녀는 어린 웰치에게 말했다. "그건 네가 너무 똑똑하기 때문이야, 잭. 한 사람분의 혀를 가지고는 네 똑똑한 머리를 따라갈 수가 없거든."

웰치는 어머니의 격려 덕분에 말을 더듬는 증세에 대해 조금도 걱정하지 않게 되었다. 그는 어머니의 말을 완전히 믿었고, 자기 머리가 혀보다 더 빨리 돌아간다고 생각했다. 어머니는 웰치가 끊임없이 진취적인 사람이 되도록 이끌었고, 결국 그는 정상에 올랐다. 어머니는 웰치의 '중요한 타인'이다.

이번에는 사과 이야기를 하겠다. 정확하게 말하면, 사과 두 알에 관한 이야기이다. 두 자녀를 둔 어머니가 있었다. 그녀는 사과를 두 개 꺼냈는데 하나는 알이 크고 다른 하나는 알이 작았다. 어머니는 두 아이에게 스스로 사과를 고르게 했다. 큰 아이는 큰 사과를 먹고 싶다고 생각했다. 남이 뭐라고 해도 그 사과를 갖겠다고 궁리했다. 그런데 동생이 먼저 입을 열었다. "내가 큰 사과를 먹을래요." 그러자 어머니가 동생을 따끔하게 야단쳤다. "큰 사과를 먹고 싶어도 남에게 말해서는 안 돼." 옆에서 동생이 혼나는 모습을 지켜본 큰 아이는 이렇게 말했다. "내가 작은 사과를 먹을게요. 큰 사과는 동생에게 주세요." 어머니가 말했다. "그래야 착한 아이지." 큰 아이를 칭찬한 어머니는 작은 사과는 작은 아이에게, 큰 아이에게는 크고 붉은 사과를 주었다. 그때 큰 아이는 어머니에게 인생의 경험을 한 가지 얻었다. 마음속에 있는 진심을 겉으로 드러내서는 안 되며 진심은 속에 감추어야 한다는 것을 깨달았던 것이다. 훗날 큰 아이는 사과에서 얻은 교훈을 자기 삶에 적용했다. 다른 사람과 대화할 때 30퍼센트만 말하고 음모와 계략을 사용해서 교묘한 수단이나 힘으로 남의 것을 빼앗는 사람이 된 것이다. 그러던 어느 날 그는 결국 감옥에 갔혔다. 죄인이 된 큰 아이가 나의 '중요한 타인'을 쓴다면 아마 자기 어머니와 사과를 적지 않을까?

또 한 사람의 어머니가 있다. 그녀도 사과 한 알을 가졌고 세 아이를 두었는데 마찬가지로 아이들은 모두 사과를 먹고 싶어 했다. 어머니는 사과를 손에 들고 말했다. "사과는 하나뿐인데 형제들이 이렇게 많으니 누구에게 주어야 할까? 내가 문 앞에 있는 풀밭을 셋으로 나눠둘 테니 너희 각자가 풀을 베어오너라. 풀을 가장 빠르게 많이 베어온 사람이 이 큰 사과를 먹을 수 있다." 모두들 열심히 노력했지만 그중 가장 열심히 일한 만이가 붉은 사과를 얻었다. 그는 그 속에서 생활의 철리哲理를 깨달았다. 가장 힘든 노동을 한 사람만이 좋은 것을 얻을 수 있다는 것을 깨달은 것이다. 이 신념은 그를 이끌었고 결국 그는 유명한 정치가가 되었다. 그가 나의 '중요한 타인'을 쓴다면 당연히 어머니와 붉은 사과를 적을 것이다.

중요한 타인은 나의 기억 속에서 살아 있다

이상의 사례를 통해서 '중요한 타인'의 중요성을 더 깊이 이해할 수 있겠는가? "어렸을 적 기억이 흐릿해서 어떤 사람이 그 타인인지 잘 기억나지 않아요"라는 사람이 있을 것이다. 지금 내가 하는 행위는 모두 내 자신이 결정하는 것이다. 다른 사람은 상관이 없다. 나의 의식 속에서 많은 결정들이 세심한 사고들을 통해서 나오는 법이다. 그러나 인간은 감정의 동물이며, 감정이 늘 우리의 결정을 좌우한다. 그렇다면 감정은 어떻게 생겨나는 것일까? 이 또한 나와 '중요한 타인'의 관계와 밀접한 연관이 있다.

앨버트 앨리스Albert Ellis라는 유명한 심리학자가 있다. 그는 인간의 비이성적인 신념이 한 사람의 정서에 직접 영향을 끼침으로써 그로 하여금 어려움을 겪게 하고 다른 사람에게까지 많은 고통을 준다고 말했다. 예컨대 절대적으로 주위 환경의 허락, 특히 '중요한 타인'의 애정과 칭찬을 얻어야 하는 사람이 있다고 치자. 사실 이것은 이루어질 수 없는 일이다. 이 관념을 진심으로 믿고서 그것을 진리로 받들면서 천신만고를 겪고, 자신을 굽히면서까지 '중요한 타인'의 애정을 얻으려 하고 그 후에는 이 애정을 더 많은 사람으로부터 얻으려고 하며, 심지어 모든 사람에게 인정받고 싶어 하는 사람이 있다고 하자. 그 결과는 어떨까? 그는 목적을 이루지 못하는 것은 물론이고 자기에게 실망하고 좌절하며 상처를 입게 될 것이다.

전통적인 뇌신경학에서는 감정은 대뇌의 분석을 거친 후 표출된다고 말한다. 그러나 최근 들어 미국의 어떤 뇌신경학자가 감정신경을 전송하는 길을 발견했다. 과학자들은 정확한 연구를 통해 사람의 시상운동중추에서 직접 생긴 원시 신호가 도피적이거나 충동적인 반응을 불러일으키는데 그 속도가 무척 빨라서 대뇌의 분석이 근본적으로 개입할 수 없다는 사실을 밝혀냈다. 대뇌에 감정경험을 기억하는 곳이 있는데, 이곳을 행인핵杏仁核이라고 부른다. 행인핵은 내가 과거에 겪었던 일에 대한 감정과 반응을 충실한 문서 기록자처럼 기록한다. 이후 생활하면서 비슷한 일이 생겼을 때 행인핵은 대뇌의 이성적 분석을 건너뛰고 직접적으로 반응한다.

병 주고 약 준다고 해야 할까. 신속하게 반응하는 부대인 행인핵은 위기에 처했을 때 나를 돕고 반응 시간을 성공적으로 단축시킴으로써 나의 이익을 보전해주기도 하지만 어떤 경우에는 고착된 모델을 만들어서 큰일을 할 때 나쁜 영향을 끼치기도 한다.

행인핵에 저장된 것은 감정이 응대하는 문서자료에 관한 내용으로 단기간에 축적된 것이 아니다. '중요한 타인'이 우리에게 그토록 막대한 영향을 미치는 이유는 '중요한 타인'에 대한 기억과 연관이 있을 것이다. 그 기억은 행인핵의 문서실에서 가장 자주 사용되는 서류철이다. 옛일은 촬영한 원본 필름처럼 암실에 보존되어 있는데 적당한 용액을 사용하면 갓 발생한 일처럼 눈앞에 생생하게 뚜렷한 영상으로 떠오른다. 그래서 그에 대한 대책이 대뇌의 선별을 거치지 않고 완성되는 것이다.

나는 내 인생의 주인이다

마법은 풀 수 있다. 그 당시 나는 아직 어렸고 상처를 입었지만 그것은 나의 잘못이 아니다. 그러나 나의 상처에서는 아직도 피가 흐르고 있는데 나는 그것을 외면하고 붕대로 싸매려고만 했다. 하수도의 배수구에서 썩은 냄새를 잔뜩 풍기는 것처럼 그 기억이 나의 오늘, 내일에까지 계속 강력한 영향을 발휘한다면 그것은 내가 방임하고 있기 때문이다. 어린 시절의 기억을 고칠 수는 없지만 성인이라면 새롭게 '나와 중요한 타인'의 관계를 정리할 수 있다. 다시 나의 규칙과 모델을 심사숙고할 수 있다. 그것이 합리적이라면 금빛 돛이 되어 이성이라는 배의 한 부분이 될 수 있다. 그것이 날카로운 가시라면 어른의 힘 있는 두 손으로 그것들을 헤쳐 나갈 수 있다. 이 과정은 단숨에 이루어지지 않을 것이다. 때때로 자신이 완성하기에는 힘이 부족하거나 고통스러울 수도 있고 심리상담사와 같은 전문가의 도움을 필요로 할지도 모른다.

이렇게 말하는 사람도 있다. "중요한 타인이 나에게 미친 영향은 긍정적입니다. 마음속에 그들의 그림자와 채찍이 있었기에 나는 오늘날의 성공을 거둘 수 있었어요." 이 놀이는 결코 '중요한 타인'을 밭에서 무를 뽑듯 뿌리째 뽑아낸 다음 그것과 완전히 결별하려는 것이 아니다. 나에게 긍정적인 자극을 주는 '중요한 타인'은 이미 나의 정신 구조의 일부가 되었다. 그들의 기대와 가르침은 이미 나의 핏줄이 되었고 나는 영원히 그들에 대한 믿음과 사랑을 버리지 않을 것이다. 그러나 그것은 '중요한 타인'의 눈빛 속이 아니라 나의 노력 속에 살아 있는 것이다. 그런 경험과 역사가 아무리 귀하다고 해도 나에게는 이미 지나가버린 옛일이다. 내가 사는 것도, 모든 책임을 지는 것도 모두 자신을 위해서임을 잊지 말자.

고통스러운 옛일을 처리하는 과정에서 이미 실제적인 의미에서의 통제력을 가진 마법의 힘은 사라졌다. 음악 선생님의 "너는 소리를 내지 마"라는 한 마디 명령은 오늘날의 나에게는 통제력이 없다. 우호적인 환경 속에서 자란 아이일지라도 마음의 상처는 있을 수 있다. 나의 '중요한 타인'을 찾는 일은 이러한 상처를 어루만져줄 따뜻한 손을 찾는 일이다.

이런 생각들을 깔끔하게 정리하자 뜨거운 바람이 발밑에서 올라오는 기분이었다. 나는 오랫동안 내 목청을 잠가두었던 단단한 얼음이 사르르 녹았음을 분명히 느낄 수 있었다. 비로소 나는 주문에서 풀려났던 것이다. 그날부터 나는 노래를 부를 수 있게 되었다. 대중을 상대로 강연하는 일도 어렵지 않게 해냈다. 그날부터 나는 그 음악 선생님을 용서했을 뿐 아니라 그 경험을 다른 선생님들에게도 들려주었다. 여린 아이들을 상대할 때 부디 좀 더 조심스럽게 대해주기를 바라는 마음에서였다. 어린 시절 낙인찍힌 부정적인 감정은 간단히 시간의 지우개로 지워지지 않는다. 이는 심리 치료가 필요하다. 조화로운 인격은 하늘에서 떨어지는 것이 아니라 깊은 내면의 성찰과 연관된다. 물이 부족한 이에게 수원水源을 알려주고 추운 이에게 모닥불이 있는 곳을 알려주며 병자에게 약초가 있는 곳을 알려주고 주린 자에게 야생과일이 있는 곳을 알려주는 것. 이 모든 것이 세상 최고의 선물이다.

내가 가장 좋아하는 놀이를 고르라고 하면 나는 '누가 나의 가장 중요한 타인인가'에 한 표를 던지고 싶다. 그것은 내 인생을 바꾸었다. 이 놀이를 통해서 깨달은 것은 인간의 창조와 멸망은 내가 완성한다는 것이다. 인간은 영원히 나 자신의 주인이다. 가장 허약하고 고독한 때일지라도 인간은 자기 인생의 주인이다. 나 자신의 상황을 반성하기 시작했을 때, 힘겹게 자신의 삶이 기댈 법칙을 찾기 시작할 때, 인간은 점점 평온하고 행복해진다.

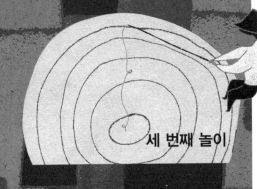

세 번째 놀이

나는 어떤 사람인가?

마음의 건강과 평안을 유지하려면
내가 바꿀 수 없는 사물을 그대로 받아들이는 자세가 필요하다.
자신을 사랑하는 능력, 더불어 삶을 사랑하고 타인을 사랑하는 능력
그리고 사람은 세상에서 영원히 존재할 수 없다는 사실을
온전히 받아들이는 것이 행복의 기초이다.

나를 먼저 알아야 한다

나는 누구인가? 나는 어떤 사람인가?

이것은 오래된 문제이다. 원시 시절부터 인간은 집단으로 큰 동물을 포획한 다음 그것을 나누어 충분히 먹고 배부르게 마신 후에, 별이 가득한 가없는 우주를 바라보면서 분명히 이 문제를 생각했을 것이다. 현대 문명의 한 가지 '장점'은 사람을 도시에 가두고 시멘트와 인공 조명을 사용하여 초롱한 눈빛과 별이 빛나는 밤, 먼 산의 정경과 떨어뜨림으로써 이 슬프고 처량한 문제를 냉장고의 냉장실과 자동차의 트렁크에 감추었다는 사실이다. 정전이 되어 음식물이 상하거나 타이어에 펑크가 나서 길가에 차를 댈 때쯤이 되어서야 우리는 어렵사리 그 문제를 떠올린다. 문명의 진보이기는 하지만 현대인에게는 비애이다. 우리는 화려한 도시 속에 숨어서 밤낮으로 대자연을 대할 때 느끼는 보잘것없는 존재라는 느낌에서 도망쳤지만 라이카(처음으로 우주 비행을 한 개-옮긴이)의 영혼을 꿰뚫는 고문에서 도망쳐 멍청하기 이를 데 없는 혼란의 정점에 도달하게 되었고 반성과 경각의 계기를 잃었다. 문득 돌아보니 시간의 잎은 나이라는 벌레가 거의 먹어버렸고 실낱같은 윤기도 보이지 않는다.

나는 동료들과 심리상담센터를 운영하고 있다. 봄풀과 같은 연록색 벽으로 둘러싸인 조용한 상담실에서 많은 방문자와 만나고 있다. 그곳에는 기자들도 많이 찾아온다. 부드러운 아이보리색 소파에 앉아 호기심 가득한 눈으로 이렇게 묻는 기자가 꼭 있다. "평소에 여기서 상담을 하시나요?" 나는 대답한다. "네." 기자가 다시 묻는다. "여기서 일어난 일을 저에게 들려주실 수 있나요?" 나는 말한다. "안 됩니다. 심리상담사는 엄격하게 지켜야 하는 규정이 있는데, 그것은 상담자의 어떠한 정보도 밖으로 유출해서는 안 된다는 것입니다." 포기할 줄 모르는 게 기자의 특기이다. 그들은 주위를 뱅뱅 맴돌며 질문을 던진다. "여기 오는 분은 남성이 많은가요, 여성이 많은가요? 어떤 연령대의 사람이 많은가요? 상담 받으러 오는 사람 중 가장 어린 사람은 나이가 몇 살인가요? 가장 나이가 많은 사람은요?" 나는 그들의 호기심은 이해하지만 함부로 말할 수 없다는 원칙을 굳게 지킨다. 예외적인 경우가 있다면 그것은 기자가 이런 질문을 할 때이다. "사람들이 가장 많이 이야기하는 문제가 무엇인가요? 정서적인 문제인가요, 아니면 인간관계인가요? 그도 아니면 사업 문제인가요?"

이쯤 되면 나는 아주 단호하게 대답한다. "이 상담실에서 심리상담사와 상담자가 가장 많이 대화를 나누는 문제는 오래된 철학의 문제입니다. 사람이 사는 의미는 무엇인가 하는 문제입니다."

기자들은 보통 자신이 들을 것이라고 생각했던 복잡하게 얽힌 애정 문제나 세상을 놀라게 할 만한 괴상한 이야기 속에 이토록 딱딱하고 냉혹한 핵심이 있음을 알고는 눈을 커다랗게 뜬다.

상담실의 아이보리색 소파가 인식을 할 수 있다면 분명히 증인이 되어 그 말이 한 치의 오차도 없는 진실이라고 말해줄 것이다. 일상생활 속에서의 골치 아픈 문제들은 다양해 보이지만 그 근본 원인은 곧 스스로를 어떻게 대하는가, 타인을 어떻게 대하는가, 세상을 어떻게 대하는가 하는 아주 기본적인 문제에서 출발한다. 언제나 가장 간단한 것이 가장 어려운 법이다.

나를 사랑하는 능력, 더불어 삶을 사랑하고 타인을 사랑하는 능력 그리고 사람은 세상에서 영원히 존재할 수 없다는 사실을 온전히 받아들이는 것이 행복의 기초이다. 그러나 기대와 실제는 같지 않다. 우리가 행복의 중요성을 아는 것과 행복을 얻는 것은 엄청나게 다르기 때문이다.

자신을 존중하고 믿으며 안정감을 가진 사람은 다른 사람과 교제할 때 자연스럽고 개방적이며 솔직하고 투명하다. 스스로를 비루하게 생각하고 속 좁고 꽉 막힌 데다 게으르고 질투 많고 의심으로 가득한 사람은 어떨까? 그런 사람이 다른 사람과 사이좋게 지내고 이야기꽃을 피우는 모습을 상상할 수 있을까? 그런 사람이 자연의 아름다움을 감상하고 이 세계가 더 아름다워질 수 있도록 공헌하는 데 온 마음을 다 바칠 수 있을까?

그에 대한 대답은 부정적일 수밖에 없다.

'나는 누구인가?' 이 문제는 사변과 질문으로 가득한 영원한 화두이다. 중국에는 이런 옛말이 있다. "사람의 귀함은 스스로를 아는 밝음에 있다人貴有自知之明." 여기서 '귀함貴'이라는 말은 소중하다는 뜻도 있지만 드물다는 의미도 지니고 있다. 물건은 드물어야 귀한 법이다. 속눈썹은 바로 눈앞에 있어서 보기가 어렵고 사람은 스스로에 대한 앎이 부족하다.

이 놀이는 내가 스스로를 어떻게 대하는지 알아보기 위해 만든 것이다. 사전에 표를 만들어서 사용하면 편리하겠지만 머리와 손을 함께 써서 이 표를 완성하기를 권한다. 글씨를 쓰는 일은 손으로 하는 노동일 뿐 아니라 깊이 생각하는 여정이기도 하다. 직접 손으로 표를 그려보면 신선하고 예기치 않은 발견을 할지도 모른다.

우선 백지 한 장을 꺼낸 다음 세로로 똑같은 크기로 접어서 4등분 하라. 그러면 개울 천川 자 모양으로 접힌 흔적이 생길 것이다. 종이 가장 왼쪽 칸에 '키'라고 쓴다.

무슨 영문인지 궁금할 것이다. 나는 마음 놀이를 하는 중인데, 키가 도대체 무슨 상관이냐고 생각할 것이다. 서두르지 말고 아래의 항목을 하나씩 적어보기 바란다.

키

몸무게

용모

성별

성격

신분

학력

인간관계

직업

배우자

가정

수입

취미

집 평수

이상과 포부

....

위와 같은 다양한 항목을 보면서도 종잡을 수 없는 느낌이다. 엄격하게 말하면 이러한 항목은 그다지 논리적이라고 볼 수 없고 전면적이라고도 할 수 없다. 독자의 이해를 바란다. 가장 마지막 줄에 남긴 말줄임표는 내 스스로 채워야 할 공간이다.

이제 칸을 가득 채웠으면 백지 맨 위쪽으로 다시 올라가서 왼쪽에서 오른쪽으로 각 칸에 다음과 같이 쓰라.

실제의 나   이상 속의 나   남들의 눈에 비친 나

이제 표의 기본적인 틀이 갖추어졌다. 남은 일은 방금 우리가 적은 항목에 따라 답을 채워 넣는 것이다. 구체적으로 채워 넣는 방법에는 두 가지 형식이 있다.

한 가지는 세로로 채워 넣는 것이다. '실제의 나' 항목을 세로로 먼저 다 채우는 것이다. 예컨대 성인 남성이고 키는 172센티미터, 몸무게는 65킬로그램, 용모는 중간, 신분은 평사원, 학력은 대학 졸

업…… 이런 식으로 첫 번째 칸을 다 채우고 나면 나의 대체적인 상황이 그려질 것이다.

그런 다음 오른쪽 칸, 그러니까 '이상 속의 나' 칸을 채운다. 이때는 단숨에 완성하기를 권한다. 내가 바라는 모습을 적을 때는 대범해야 한다. 가능할지 어떨지 재지 말기를 바란다. 예컨대 키가 NBA 스타만큼 크기를 바라면 180~190센티미터라고 쓰면 된다. 그것으로도 성에 차지 않으면 222센티미터라고 적어도 무방하다. 모델처럼 되고 싶으면 키 175센티미터에 몸무게를 48킬로그램으로 적으면 되겠다. 용모는 '톰 크루즈'나 '오드리 헵번'이라고 적어도 되고, 신분 항목에는 '왕실 귀족'이나 '억만장자'라고 써도 좋다. 당신이 상상한 대로 솔직하게 쓰면 되는 것이다.

자신을 조롱하거나 비판하지 말고 솔직해야 하고 그것이 존재하는 것이 합리적이라는 사실을 인정해야만 한다.

나머지 항목도 마찬가지로 처리하라. 실제 직업은 환경미화원이지만 언젠가 자신이 빌 게이츠 같은 사람이 되기를 바랄 수도 있다. 그럼 그대로 적으라. 지금은 조그만 집에서 월세로 살고 있지만 수영장이 딸린 대저택을 꿈꿀 수도 있다. 문제없다. 쓰면 된다. 배우자가 용모가 출중하지 않더라도 우리는 그 사람이 미스 유니버스처럼 화려한 용모이기를 기대할 수 있다. 그것은 부끄러운 일이 아니다. 남편이 초등학교 교사이지만 대학교수에게 시집가고 싶다면 그것도 충분히 이해할 수 있는 일이다.

두 번째 칸에 '이상 속의 나'를 다 채운 다음에는 '남들의 눈에 비친 나' 항목으로 들어간다. 여기에서 '남'은 우리 주위 사람의 입소문이다. 예컨대 나의 마음이 늘 우울하고 고뇌로 가득하다는 사실을 알지만 그런 모습을 잘 감추면 주위 사람들은 내가 쾌활하고 명랑하다고 생각할 수 있다. 그렇다면 사실대로 적으라. 이 칸은 간단하게 생각하면 간단하다고도 볼 수 있다. 키, 몸무게와 같은 항목은 남들의 눈에 비친 나와 실제의 내가 크게 다르지 않을 것이다. 그러나 복잡하게 생각하면 아주 복잡해질 수도 있다. 적지 않은 사람들이 이 칸을 채울 때 태산같이 근심하고 걱정한다. 물어보기만 하면 바로 이유를 알 수 있는데도 그렇다. 그것은 자신이 남들의 눈에 어떻게 비치는지 전혀 모르기 때문이다.

다른 한 가지는 가로로 채워 넣는 것인데, 다음과 같이 하면 된다. '수입' 항목을 예로 들겠다. 먼저 나의 실제 상황을 적는다. 예컨대 '월급 200만 원'이라고 적고 오른쪽 칸으로 옮겨서 '이상 속의 나'의 칸에는 '월급 800만 원'이라고 적는 것이다. 그리고 '남들의 눈에 비친 나' 칸에는 내가 평소에 손이 커서 씀씀이가 헤프면 사람들이 나의 월급을 500만 원 이상으로 볼 테니 그렇게 쓰면 된다. 결혼하려고 돈을 모으고 있거나 자동차를 마련하려고 돈을 아껴 쓰면서 구두쇠같이 굴었으면 남들은 내 월급이 100만 원밖에 안 된다고 생각할지도 모르다.

처음 채워 넣기 시작할 때는 많은 이들이 심상하게 생각하거나 식은 죽 먹기로 여기지만 채워 넣고 훑어본 후에는 탄식하는 사람들이 적지 않다.

가장 먼저 느끼는 것은 의아함이다. 원래 개인의 나에 대한 평가와 자기의 이상과는 큰 격차가 있다. 95퍼센트 이상의 사람들이 자신의 키가 작다고, 뚱뚱하거나 말랐다고, 용모가 볼품없다고, 명문가 출신이 아니라고 불만스러워한다. 결국 한 마디로 요약하면 대부분의 사람들은 자신이 가진 것을 좋아하지 않는다. 세상에는 바꿀 수 있는 일도 있고 선택할 수 없는 일도 있다. 겉모습과 집안 형편 같은 '하늘이 내린' 부분을 어떻게 생각하느냐는 나의 심리 건강에 중대한 영향을 미친다.

누구나 자신이 아름답고 용맹스러우며 천부적인 자질이 총명하고 명문가에서 태어나기를 바란다. 누구나 유복한 가정에서 태어나서 하는 일마다 술술 풀리고 가만히 앉아서 남이 노력한 성과를 누리고 싶어 한다. 그러나 세상이 돌아가는 원리는 이렇게 간단하지 않다. 그런 바람은 그저 한낱 백일몽에 지나지 않는다.

바꿀 수 없는 일로 가슴을 치고 발을 동동 구르거나 하늘을 원망하고 남을 탓해보았자 전혀 도움이 안 된다. 마음의 건강과 평안을 유지하려면 내가 바꿀 수 없는 일들을 태연하게 받아들이는 자세가 필요하다. 이는 소극적인 숙명이 아니라 적극적인 달관의 지혜이다. 내 자신이 완전하지 못하다는 사실을 인정하면 나의 불완전함을 받아들일 수 있고 솔직하게 나의 불완전함과 대면하면 남들의 다양성도 더 많이 이해하고 포용할 수 있다. 나의 겉모습이 완전하지 않다는 사실을 받아들이는 일을 절대로 소소한 일이라고 생각하지 말기를 바란다. 이 일은 세상 만물을 받아들일 수 있도록

해주는 출발점이다.

바꿀 수 없는 것은 긍정적으로 받아들이라

검은 폭포수처럼 흘러내리는 머릿결부터 가을 호수 같은 눈, 아기 같은 피부, 우아한 기품까지 흠 잡을 곳 하나 없이 완벽하게 아름다운 여성이 있었다. 하지만 내가 스스로 용모가 볼품없다고 생각하는 사람을 물어보자 그녀는 번쩍 손을 들었다. 뒤에 나는 개인적으로 그녀에게 물었다.

"구체적으로 말씀해보세요. 도대체 어떤 부분이 불만족스러운가요?" 그녀가 조심스럽게 대답했다. "못생긴 이가 하나 있어요." 나는 말했다. "어떤 이 말이죠? 제 눈에는 안 보이는데요." 그녀는 입을 열고는 낮은 소리로 말했다. "왼쪽 윗니 여섯 번째에 있는 거요." 나는 웃음을 지으며 말했다. "제게 말하지 않았으면 당신 맞은편에 앉아서 100년을 쳐다봤어도 몰라봤을 거예요." 그녀가 말했다. "저도 보통 사람 눈에는 보이지 않는다는 것을 알아요. 하지만 입을 벌리고 크게 웃으면 보인답니다. 그래서 저는 어려서부터 거리낌 없이 크게 웃어본 적이 없어요. 사람들은 제가 도도해서 남들을 깔보는 나머지 그렇게 웃는다고 생각하지요. 아무도 제 마음속의 고충은 몰라요. 나중에는 대학에 들어가서도 함부로 웃을 수 없었고 그 때문에 사람들은 저를 '얼음 공주'라고 불렀어요. 하지만 천만의 말씀이에요. 결국 다 이 이빨 때문이에요. 뒤에 일자리를 찾고 남편과 결혼할 때도 이 이빨 때문에 신경을 많이 썼어요."

2003년 12월 24일 중국 외교부 장관 리자오싱李肇星이 신화망(新華網, 중국 관영언론사 신화사의 인터넷 사이트-옮긴이)의 '발전 세미나' 채팅룸에서 105분간 2만 7000명의 누리꾼들이 물은 2000개의 질문에 답한 적이 있다. 그중 한 누리꾼이 이렇게 물었다. "어떤 사람이 장관님 얼굴이 못생겼다고 말합니다. 어떻게 생각하세요?"

장관은 웃으며 대답했다. "제 어머니는 그런 생각에 동의하시지 않을 것입니다. 산둥 성 농촌의 평범한 여성인데, 팔로군(八路軍, 항일전쟁 때에 화베이華北에서 활약한 중국 공산당의 주력군. 1937년 제2차 국공합작 후의 명칭이며, 1947년에 인민해방군으로 이름을 바꾸었다.-옮긴이)에게 신발을 만들어주셨던 분이지요. 어머니는 제 용모를 자랑스러워하신답니다. 제가 미국 오하이오 대학에서 강연할 때 학생들 3000명이 기립해서 3분 동안 박수를 쳐준 적이 있습니다. 외국인으로 하여금 내 조국을 아름답다고 느끼게 하는 일을 가진 것이 행복하고 영광스럽습니다. 현지의 한 미국 교수가 "당신은 국가만 중히 여기고 자신은 가볍게 여기는 것 같군요. 미국에는 '천사가 훨훨 날아갈 수 있는 것은 자신을 너무 가볍게 여기기 때문이다'라는 속담이 있어요라고 말하기도 했지요."

리 장관의 용모를 칭찬한 사람도 있었다. 그 누리꾼은 이렇게 말했다. "장관님이 못생겼다고 말하는 사람도 있지만 여자 누리꾼들이 보기에는 장관님은 남성적인 매력이 넘쳐요. 외교를 할 때 강인한 남성미를 느낀답니다."

리 장관은 이렇게 대답했다. "너무 과분한 말씀이라 어찌할 바를 모르겠군요. 하지만 잘생겼든 못생겼든 상관이 없어요. 일할 때는 제 외모에 전혀 신경 쓰지 않습니다."

요즘은 신분도 민감한 화제이다. 오늘날의 가치체계는 금전만능주의의 충격으로 크게 변했다. 농민이나 노동자 출신은 말할 것도 없고 전통적인 지식인 계층도 연민과 조롱의 대상이 되고 있다. 오늘날 사람들에게 보편적으로 존경받고 사랑받는 계층을 찾는다는 건 난망한 일이 되어버렸다. 거의 모든 이들이 더 좋은 배경을 가지고 싶어 하며 어느 정도 자신의 출신에 대해 불만을 품고 있다. 나를 스스로 평가함에 있어 출신 성분은 무척 중요한 요소이다. 우리가 자신을 대하는 자세의 근원과 연관되어 있기 때문이다.

왕족으로 태어났어도 패가망신할 수 있고, 거지로 태어났어도 명성을 세상에 드날릴 수 있다. 학교에 가서 공부할 돈이 없는데도 열심히 노력해서 큰 발명가가 된 사람도 있다. 비천함이 끊임없는 노력에 연료를 제공해줌으로써 눈부신 불빛을 터트릴 수 있다. 반대로 고귀함은 나태함과 방탕함의 온상이 될 수 있다.

뉴욕 맨해튼의 테일러 신부는 병원에서 목숨이 경각에 달린 병자가 임종할 때 회개하는 일을 돕는 사람이다. 죽음이 임박했을 때 한 떠돌이 흑인가수가 그에게 말했다. "나는 노래하는 게 좋아요. 음악이야말로 내 생명이지요. 내 바람은 노래하면서 미국을 돌아다니는 것이었어요. 흑인으로 태어났지만 나는 이 바람을 이루었어요. 나는 평생을 즐겁게 보냈어요. 노래를 불러서 아이 여섯을 키웠어요. 이제 죽을 때가 다 되었지만 나는 죽어도 여한이 없어요.”

테일러 신부는 깜짝 놀랐다. 그는 이 떠돌이 예술가가 가진 것이라고는 기타 하나뿐이며, 가는 곳마다 모자를 땅에 뒤집어놓고 노래를 부르면 지나가는 행인들이 잔돈푼을 그곳에 넣고 그 돈으로 간신히 생활했다는 사실을 알고 있었기 때문이다.

테일러 신부는 임종 미사를 주재했던 재벌 노인을 떠올렸다. 그 노인은 말했다. “나는 경주용 자동차가 좋소. 어렸을 적부터 차를 연구하고 개선하고 관리했지. 평생 자동차랑 떨어져본 적이 없소. 이렇게 취미와 일을 나누기가 어려웠고, 여가 시간에도 흥미롭게 일을 할 수 있어서 무척 만족스러웠소. 게다가 그 일로 큰돈까지 벌었지. 나는 참회할 일이 아무것도 없소.”

가난뱅이와 부자는 다른 경로를 거쳤지만 결국 죽으면서 한 말은 같았다. 생활과 행복을 대하는 그들의 관점은 이토록 닮았다. 평범한 노동자를 깔보는 생각은 금전만능주의 습격을 받은 탓일 뿐 삶의 자세와는 아무런 관련이 없다.

표를 다 작성했으면 밝은 곳으로 가서 자세히 살펴보아라. ‘이상 속의 나’와 ‘실제의 나’가 서로 일치하지 않는 곳이 얼마나 되는가? 얼마나 되는지 세어보아라. 이렇게 항목을 확인하는 과정에서 바꿀 수 있는 항목도 있는가? 어떤 항목은 바꿀 수 없는가? 노력하면 바꿀 수 있는 항목이 있는가? 그렇다면 당신은 어떻게 노력할 생각인가? 바꾸는 대가를 치를 수 있는가? 바꿀 수 없는 것에 대해서는 솔직하게 웃으면서 받아들일 수 있는가? 그리고 각별히 ‘실제의 나’

를 꼼꼼하게 분석해보라. '실제의 나'와 '남들의 눈에 비친 나'는 얼마나 다른지 알 수 있다.

　어느 우아한 중년 부인이 이 놀이를 하다가 갑자기 목을 놓아 통곡했다. 그녀는 말했다. "남들 눈에 비친 나와 실제의 내 모습이 너무 달라요!" 나는 물었다. "도대체 어떤 항목이 그런가요?" 그녀는 말했다. "건강이요." 나는 영문을 알 수가 없었다. 건강은 비교적 겉으로 보이는 것이라 척 보면 알 텐데 다소 차이가 있다고 해도 이렇게 감정이 격해질 이유는 없을 것이기 때문이다.

　그녀는 말했다. "겉으로 보면 정상으로 보이지만 이 모습을 유지하려고 죽을 정도로 애쓰고 있어요. 사실 저는 3년 전 암에 걸렸어요. 하지만 아무도 모릅니다. 공개적인 장소에서 제가 병에 걸렸다는 사실을 인정한 건 오늘이 처음이에요. 그게 얼마나 힘든지 모르실 거예요. 저는 암을 일종의 잘못이라고 생각했어요. 그래서 받아들일 수가 없었습니다. 오늘 이렇게 말하고 나니 마음이 얼마나 가벼운지 몰라요. 오늘부터는 유쾌한 척할 필요가 없어요. 저는 모두에게 관심과 위로를 받을 권리가 있습니다……."

　의사 실습을 할 때 나는 흔히 우리가 '미치광이'라고 말하는 정신병자를 처음 보고 무척 놀랐던 적이 있다. 정신병자가 발작을 하면 평소에는 온순하고 겉모습이 당당하던 사람이 미치광이로 변하는데, 정말 어떻게 설명할 수가 없었다. 나는 공포에 질렸다. 사람이 이토록 불가사의하게 변하다니, 이 병에는 분명히 이상하고 괴이한 이름이 있을 것이라고 생각했다. 그러나 예상과는 달리 병명은 상당히 평범했다. '정신분열증'이라는 이름이었다. 무언가 더 무겁게 다루어야 하는 것을 가볍게 다룬 느낌, 뜻이 온전히 다 전해지지 않는 느낌이었다.

한 노 의사는 이렇게 말했다. "갈라짐(분열)은 인간의 가장 처참한 사건 중 하나이다. 제방이 갈라지면 홍수가 일어난다. 광야가 갈라지면 지진이 온다. 산악이 갈라지면 산붕山崩이 일어난다. 국가가 갈라지면 전쟁이다. 민족이 갈라지면 고난이다. 사랑이 갈라지면 이혼이다. 생사가 갈라지면 사별이다."

실제의 나와 남이 생각하는 내가 다르다면

내가 채운 여러 항목의 차이가 너무 크다면 부디 갈라지지 않도록 조심하라. 우리의 마음 에너지는 이상한 체계를 가지고 있다. 강하기도 하고 약하기도 하며, 탄력성이 좋기도 하고 일격으로 무너지기도 한다. 단순하고 조화로울 때는 엄청난 힘을 발휘할 수가 있다. 어지럽게 분열되면 서로 부딪히고 약해져서 일격에도 쉽게 부서진다. 몸과 잠재력은 최고의 스파이처럼 시시각각 마음의 대화에 촉각을 곤두세운다. 마음 에너지가 분산되면 말라리아에 걸린 지휘관처럼 몸이 뜨거웠다 차가워지고 예측할 수 없이 변하므로 우리의 몸과 정신이 어쩔 줄을 모르게 된다. 짧은 시간이라면 면역이 생겨 견딜 수도 있지만 시간이 길어지면 억압과 변형 때문에 정신이 붕괴되는 지경에 이른다.

남들의 눈에 비친 나와 실제생활 속에서의 내 모습의 차이가 크다면 그 원인을 찾아야 한다. 어떤 학교에서 유머감각도 있고 명랑하던 친구가 갑자기 죽었다. 사인은 분명하게 밝혀지지 않았다. 정황으로 미루어 자살이었지만 선생님이나 친구 등 모든 사람들이 타살이라고 말할 수는 없지만 자살이 아닌 것은 분명하다고 말했다. 이 사건은 경찰을 발칵 뒤집었고 주도면밀한 수사가 펼쳐졌다. 그 과정에서 남학생이 남긴 일기를 찾았는데, 그가 작고 뚱뚱하다는 이유로 자주 놀림거리가 된 일로 몹시 힘들어하고 스스로를 비하했다는 사실이 드러났다. 조소를 덜 당하려고 그는 자조하는 법을 배웠고 친구들이 자기를 뚱뚱하다고 놀리지 않으면 자기가 먼저 스스로의 단점을 끄집어내어 놀림거리로 만들었다. 모두들 그가 밝고 즐거운 사람이라고 여겼고 그는 결국 모든 이들의 기분전환 거리가 되었다. 그는 일기에 이렇게 썼다.

〈내가 스스로의 상처를 드러내는 것은 모두에게 나를 가지고 더 이상 놀림감으로 삼지 말아달라는 구걸이다. 나 자신도 스스로를 이렇게 헐뜯고 있으니 당신들은 제발 그만하란 말이다! 하지만 사람들은 나를 놓아주려고 하지 않는다. 그들의 즐거움은 나의 고통 위에 세워진다. 이 고통에서 벗어나기 위해서는 내 생명을 끝내는 수밖에 없다…….〉

친구들은 사실을 알고 나서 경악했다. 그가 평소에 모두에게 주었던 인상과 전혀 달랐기 때문이다. 지나친 농담에 대해 그가 그토록 반감을 가지고 있다는 것을 주변에서는 몰랐다. 솔직하게 분노를 표현했더라면 모두 분명히 그만두었을 것이다. 그는 즐거움을 가장함으로써 모두의 눈을 속였고 그 대가로 안타깝지만 생명을 지불한 것이다.

이것은 극단적인 예일 수 있지만 생활하면서 우리는 자기 의지와는 달리 남들의 호감을 얻으려고 하는 일이 적지 않다. 남들에게 좋은 인상을 주려고 한 사람을 억울하게 만드는 일도 종종 있다. 그것이 바로 우리의 모습이다. 나는 한 미국 시인의 다음과 같은 시구를 좋아한다. '끊임없이 변하지 말고 나에게 와서 기쁨을 얻으라. 나는 너를, 너의 본질을 사랑하노라.'

남에게 보이기 위해 자신을 바꾸지 말라. 그것이 쌓이면 억압되고 비틀린 에너지가 다른 기형적인 방식으로 폭발하고 만다. 우리가 사무실에서 흔히 보는 온순하던 직원이 갑자기 벼락처럼 화를 내거나 교양이 넘치던 선생님이 문득 폭력을 휘두르거나 하는 것도 이런 이유 때문이다. 내가 평소에 자신을 비틂으로써 진실한 자아를 숨기고 주위 사람들을 거짓된 모습으로 속이려고 한다면, 가장이 더 능숙해질수록 내가 치러야 할 대가도 늘어날 것이다.

어떤 사람은 이렇게 말할지도 모른다. "그런 사람을 본 적이 있지만 선생님이 말한 대로 꼭 미치거나 히스테리를 부리는 참혹한 지경에 이르지 않고 평안하게 자기 삶을 마쳤어요. 그런 사람이 있다고 해도 저는 그런 사람을 불쌍하게 여길 것 같아요. 그들은 자기 목숨을 바쳐서 남들의 눈에 비치는 역할을 힘껏 연기한 거니까요. 그는 분명히 단 한 번도 떳떳하게 자신으로 산 적이 없을 거예요."

도스토옙스키가 이런 경우에 딱 맞는 말을 한 적이 있다. "나는 사랑도 해봤고, 고통도 겪어보았다. 그러나 더 사실대로 말하면 나는 살아보았다."

우리는 늘 '참됨과 선함과 아름다움'에 대해 말한다. 조금 진지하게 생각해보면 훌륭한 이치는 이 세 단어 속에 있다는 사실을 발견하게 될 것이다. 세상 만물에 '참됨'이 없으면 '선함과 아름다움'에 대해서 무슨 말을 할 수 있겠는가!

아무리 현실이 참혹하다고 해도 진실은 대지 위에 당당하게 발을 딛을 자격이 있다. 그러나 거짓된 나는 아무리 환상적이고 아름답다고 해도 발 디딜 곳이 없다.

나의 본질을 사랑하라
- -

'이상 속의 나'를 가지고 '실제의 나'를 헐뜯지 말기 바란다. 실제의 나는 모든 걸 다 갖춘 완벽한 사람은 아니어도 그 속에 강한 매력을 지니고 있다.

이제 편지를 한 통 읽어보자.

〈사랑하는 어머니, 이 세상에 태어나서 죄송해요. 자랑스럽게 해드리지도 못하고 골칫거리만 안겨드렸어요. 하지만 저는 더 나은 사람이 될 힘이 없어요. 어쩌면 좋을지 모르겠어요. 그래도 어머니, 혼돈과 무지에 빠진 저는, 제가 바란 적 없는 이 인생 앞에서 이렇게 흐리멍덩하게 존재하고 있어요. 지금 이렇게 '덜 떨어진 나'는 전생과 내생의 수많은 요인들과 어린 시절의 작은 것들이 쌓여서 된 것이겠지요? 저는 좌절감과 함께 어머니에 대한 죄송한 마음이 가득해요. 그러니 이 '덜 떨어진' 저는 이만 사라지겠습니다.〉

이 편지에는 여러 차례 '나'라는 말이 나오는데, 이 '나'는 몇 가지 다른 의미를 가지고 있다. '덜 떨어진 나'가 어머니가 좋아하는 '완벽한 나'로 변할 수 없다고 느꼈을 때 그녀는 수면제 한 병을 통째로 삼켜버렸다. 이것은 16세 소녀의 편지이다. 그녀의 훗날의 이름은 징야오(瓊瑤, 한국에는 '경요'라는 이름으로 알려진 타이완의 유명한 대중소설 작가 -옮긴이)이다.

징야오는 학창 시절에 수학을 잘 못했는데, 한번은 20점을 받았다. 선생님은 '엄격한 지도'를 요청하는 통지서를 징야오에게 주면서 집에 가져가서 부모님께 도장을 받아오라고 했다. 두려움에 어쩔 줄을 몰랐던 징야오는 집으로 돌아오는 길에 부모님께 늘 사랑받는 여동생이 울고 있는 모습을 보았다. 알고 보니 여동생은 수학에서 98점을 받았는데 100점을 받지 못했다고 분해서 우는 것이었다. 부모님은 양쪽에서 여동생을 위로해주었다. 늦은 밤까지 기다렸다가 징야오는 성적표를 꺼내 부모님에게 보여드렸다. 어머니가 말했다. "너는 어쩌면 조금이라도 여동생보다 잘하는 게 없니?" 집밖으로 뛰쳐나온 징야오는 죽기로 마음먹었다. 그러고는 위에 나오는 유서를 썼다. 다 쓴 다음 징야오는 어머니의 수면제를 통째로 먹었고 일주일이 지난 후에야 깨어났다.

이렇게 슬프고 처량한 사례는 이렇게 설명할 수 있을지도 모르겠다. '실제의 나', '이상 속의 나'와 '남들의 눈에 비친 나'를 일치시킬 수 없다면 비극의 서막이 열리는 것이라고 말이다. 정신이 많이 분열된 사람도 살아갈 수는 있다. 썩은 수박은 겉이 멀쩡한 수박보다 싱싱해 보이지만 가까이 가보면 썩은 냄새를 맡을 수 있다.

심리 능력은 오랜 훈련을 필요로 한다. 살면서 겪은 모든 경험은 우리가 조화롭고 안정적인 자아 이미지를 형성하도록 돕는다. 부정적인 체험은 잘라낸 장미 꽃다발과 같아서 잡으려고 손을 내밀면 가시에 찔려 피가 날 것이다. 하지만 꽃가지를 물속에 넣고 적당하게 보살펴주면 좋은 향기를 맡을 수 있을 것이다.

건강한 자아 이미지는 자존감, 자신감을 가지고 스스로를 사랑하는 인생으로 이끌어준다. 그때 우리의 마음속 깊은 곳이 얼마나 많은 신비와 안전함으로 차 있는지 발견하게 될 것이다. 더 즐겁고 더 용감하고 더 똑똑하고 더 가볍게 전진하는 용기를 가질 수도 있을 것이다. 남들과 비교했을 때 내가 생각하는 '진실한 나'의 가장 큰 장점은 무엇인가? 진정한 목표는 무엇인가? 내가 가진 모든 자원을 나의 장점에 투입해서 뜻을 세우고 흔들림 없이 목표를 향해 과감하게 나아갈 수 있는가? 한 번 해보자!

좀 더 가벼워지고 싶다면 아래 표를 채워보라.
나는 어떤 사람인가?

	실제의 나	이상 속의 나	남들 눈에 비친 나
키			
몸무게			
용모			
성별			
성격			
신분			
학력			
인간관계			
직업			
배우자			
가정			
수입			
취미			
집 면적			
이상과 포부			

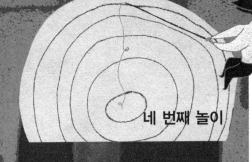

네 번째 놀이

나를 지원하는 시스템이란 무엇인가?

나를 지원하는 시스템은 세월의 선물과도 같아서
그 속에는 격심한 변화와 진솔한 정이 담겨 있다.
좋아하는 인생의 길을 택하는 일은 쉽지만
마음을 알아주는 친구로 이루어진 생활 네트워크를 만드는 일은
무척 어렵다.

나의 마음을 알아주는 친구가 있는가

이번에 할 새로운 놀이의 제목은 '당신을 지원하는 시스템'이다. 물론 이것은 내 관점에서 하는 이야기이고 종이 위에 적을 이름은 '나를 지원하는 시스템'이라고 부르는 것이 옳다.

어떤 사람은 이렇게 말할지도 모른다. "'당신'과 '나'라는 단어가 큰 차이라도 있습니까?" 아주 큰 차이가 있다. 수긍하기가 어려우면 현실 생활 속에서 나의 언어 습관을 떠올려보라. 많은 이들이 자기 이야기를 하면서 "나는 어떻게 본다" "나는 어떻게 생각한다"라고 말하는 대신 "당신은 이렇게 말한다" "당신은 이렇게 보지 않느냐"라는 식으로 말하는 경우가 더 많다는 사실을 상기할 필요가 있다. '나'라는 말이 들어갈 자리에 '당신'이라는 말을 넣고 부분적으로 나의 입장이나 태도를 없애거나 애매하게 처리하는 상황이 자주 일어난다.

'당신'이라고 말할 때는 관계가 아무리 밀접하다고 해도 그것은 여전히 다른 개체이므로 '나'라고 말할 때와는 다르다. '나'는 오로지 하나뿐이다. 나는 나의 모든 생리 및 심리 상태가 온전히 결합된 존재이다. 나의 사상, 나의 역사, 나의 이상과 나의 과거가 모여 이루어진 복합물이며 세상 끝까지 도망친다고 해도 나를 따라다니는 '나'로부터 숨을 수 없다.

다 적고 나서 이렇게 말할 수도 있다. "'지원'이라는 말은 알겠는데 이게 시스템이라는 말과 어떻게 연결됩니까?"

지원은 반드시 입체적인 시스템이어야 하며 단순한 평면이어서는 안 된다. 이런 말이 있다. "큰 인물이 되려면 여러 무리를 거느려야 하고 울타리를 만들려면 말뚝이 여러 개 있어야 한다." 나무 한 그루로는 숲이 되지 못한다. 사람도 마찬가지로 더 많은 도움이 필요하다. 그것도 시스템을 이루지 않으면 안 된다.

이 놀이는 아주 간단한다. 제목을 다 쓴 다음 아래에 순서대로 1, 2, 3, 4…… 번호를 붙이는 것이다. 나를 돕는 것들을 구체적으로 적으라. 네다섯 가지를 쓸 수도 있고 단숨에 열 가지를 쓸 수도 있다. 이보다 더 많아도 좋다.

다 적었으면 이제 상상해보자. 조난을 당하거나 정체를 알 수 없는 우울증에 빠져서 위험에 처했을 때 신경 써서 의논할 만한 상대가 있는가? 누구를 향해 SOS를 외치겠는가? 누구의 도움을 얻을 수 있는가?

석공교石拱橋처럼 고졸하고 소박한 맛도 없고 철강교鐵鋼橋처럼 딱딱하고 간단한 맛도 없지만 튼튼하면서도 웅장하고 화려한 사장교(斜張橋, 교각을 세우기 어려운 바닷가나 철도 도로 위에 건설하는 것으로 양쪽 육지에 교각을 세우고 교각 위에서 강철 케이블을 늘어뜨려 다리 상판을 지탱하는 구조를 가진 다리. 한국에는 진해대교 등이 있다-옮긴이)를 보면서 사람들은 감탄을 멈추지 못한다. 우아하고 정교하게 만든 케이블은 하늘이라도 튕겨낼 것 같은 거대한 현악기의 줄처럼 보인다. 바람이 불면 금방이라도 끊어질 듯 약해 보이지만 속에 담고 있는 강력한 힘으로 눈, 비는 물론이고 폭풍도 이겨낸다. 서로 단결하여 힘을 모음으로써 거대한 다리를 지탱한다.

지원 시스템은 이 사장교의 케이블과 같다. 하나씩 따로 보면 별 볼일 없지만 과학 법칙에 따라 배열하고 조합하면 경천동지할 위력을 발휘해서 그칠 새 없이 오가는 차들의 안전을 보장한다. 나의 지원 시스템은 바로 나의 사장교이다.

다 쓰고 나서 꼼꼼하게 살펴보고 정리해두라. 어려움에 닥쳤을 때 어떤 사람이 좋은 친구인지, 편하고 즐거울 때만 함께할 수 있는 친구인지, 친구의 남녀 비율은 균형을 이루고 있는지 등을 먼저 확인하라.

좋은 지원 시스템은 세월의 선물과도 같아서 그 속에는 격심한 변화와 진솔한 정이 담겨 있다. 좋아하는 인생의 길을 택하는 일은 쉽지만 마음을 알아주는 친구로 이루어진 생활 네트워크를 만드는 일은 무척 어렵다는 사실을 알아야 한다.

다양한 성, 다양한 연령의 지원 시스템을 갖춰야 한다

나를 지원하는 시스템을 이루는 사람이 모두 남성이거나 모두 여성이라면 문제가 있다. 남성과 여성은 문제를 바라보는 시각이 다르다. 이것은 특징이기도 하고 단점이기도 하다. 예컨대 창문이 있는데, 하나는 남향으로 나 있고 다른 하나는 북향으로 나 있다고 하면 해가 비치는 시간대가 다르다. 햇빛이 드는 부분과 그림자가 지는 부분도 다를 것이다. 어떤 사람은 이렇게 말한다. "나를 지원하

나를 지원하는 시스템

1

2

3

4

5

는 시스템은 항상 한쪽 성밖에 없어요. 하지만, 나는 이게 단순하고 익숙해서 좋아요." 그렇다면 진정한 의미에서의 이성 친구를 사귄 적이 없거나 혹은 가깝지도 그렇다고 멀지도 않은 이성 친구를 사귀어본 경험이 없을 확률이 높다.

또한 비슷한 나이의 친구만 사귀고 있는 것은 아닌지 생각해보라. 좋은 지원 시스템에서 나이는 봄비가 모든 땅을 적시듯 청년, 중장년, 노년의 땅에 고르게 배치되어 있는 편이 좋다. 삶의 이력은 제각각 다르다. 다양한 연령의 사람은 각기 다른 경험과 깨달음을 가지고 있다. 어떤 사람은 말할 것이다. "나는 비슷한 나잇대의 사람과 사귀는 것이 좋습니다." 그러나 친구의 나이는 음식 종류와 같아서 가리지 않고 골고루 먹는 잡식이 가장 좋다. 영양학 관련서에서 보니 우리가 매일 먹는 음식 종류는 적어도 18종에 달한다. 얼핏 생각하기에도 이것은 간단한 일이 아니다. 생각할 필요도 없이 한번 손가락으로 세어보라. 밥, 국, 김치, 국수, 두부, 야채, 말린 새우…… 아무리 세어봐도 18종을 채우기에는 부족하다. 결국 나는 나물을 무칠 때 쓰는 양념까지 계산에 넣고서야 가까스로 18종을 채웠다. 비단 음식만이 아니다. 나를 지원하는 시스템도 풍부하고 다양한 것이 좋다.

나이는 분명히 친구의 질을 가늠하는 유일한 기준이 아니다. 한 친구만 사귀고 있다면 그 친구의 나이는 문제가 되지 않는다. 지금 말하는 것은 시스템이다. 한 사람이 아니라 한 무리이다. 나이는 귀한 재산이지만 질곡의 실마리가 될 수도 있다. 나를 지원하는 시스템을 더 효과적이고 견실하게 만들기 위해서는 폭넓은 연령대의 친구들이 필요하다.

시스템의 성분을 검사해보자고 하면 이렇게 말할 수도 있을 것이다. "인간관계가 무슨 화학약품도 아니고 무슨 성분인지 따져서 뭐하나요?" 시스템이라면 당연히 성분이 너무 단일해서는 안 된다. 시스템 속에 혹 가족이 있는가? 그렇다면 먼저 축하의 인사를 건네겠다. 가족이 함께 있어서 높은 믿음과 우의를 유지한다는 것은 기쁘고 축하할 일이다. 그러나 이 시스템 속의 절대 다수가 무척 아끼는 친구들로만 이루어져 있다면 예기치 않은 위험이 잠복해 있을 수 있다.

일상에서 만나는 위험의 대부분은 가족과 연관되어 있다. 특히 가족은 감정상의 갈등이나 사소한 일로도 큰 사단을 일으킬 수가 있다. 예컨대 경제적 파산으로 곤경에 처하면 가족도 심한 고통을 겪게 된다. 특히 애정이나 결혼이 잘못되면 가족도 그 일의 당사자가 될 확률이 매우 높다. 관계도 없는 사람에게 이익을 희생하라고 요구하는 무모한 일을 할 수는 없기 때문이다.

결국 지원 시스템의 성분은 다종다양해야 한다. 친구를 가까운 가족으로만 채워도 안 되고 남의 말에는 귀 기울이지 않고 자기 고집만 세워도 곤란하다.

시스템은 우리와 다른 의견을 제시하는 사람을 받아들일 수 있어야 한다. 그런 말은 충언이라서 귀에 거슬릴 수 있지만 우리의 마음을 건강하게 하는 데는 큰 도움이 된다.

또한 지원 시스템에는 일정 정도의 절연성絶緣性이 있어야 한다. 비즈니스를 목적으로 만나는 친구가 있다면 생활하면서 만나는 친구, 감정상 만나는 친구 등도 필요하다. 그것은 두께가 다른 옷을 가지고 있다가 온도에 따라 적절한 때에 옷의 두께를 조절하여 바꿔 입는 것에 비유할 수 있다. 겨울바람이 매섭게 불면 두꺼운 털옷을 입어야 하고, 뜨거운 태양이 높이 걸려 있을 때는 가벼운 옷을 입어야 한다. 둥베이(東北, 중국의 동부에 위치한 북쪽 지방. 랴오닝 성遼寧省, 지린 성吉林省, 헤이룽장 성黑龍江省이 이에 속한다-옮긴이) 지역의 요리 중에는 감자, 고추, 불콩, 가지 등 각종 채소를 함께 넣고 섞은 후 한참 고아서 만드는 유명한 지방 별미가 있지만 친구를 사귀고 나를 지원하는 시스템을 보호하는 데는 이런 방법은 결코 좋은 대책이라고 할 수 없다.

나를 지원하는 시스템을 시종 양호한 상태로 유지하기 위해서는 친구 사이가 지나치게 서로 얽혀 있어서도 안 된다. 이는 결코 친구 사이의 관계를 멀어지게 하려는 게 아니라 가장 좋은 시스템의 상태에 착안하여 말하는 이야기이다.

사장교의 케이블은 각각 독립적으로 존재할 뿐 서로 복잡하게 얽혀 있지 않다. 하나가 잘 되면 다 잘 되고 하나가 망하면 다 망하는 사태를 막기 위한 것이다. 어떤 사람은 늘 내 친구가 네 친구라는 식으로 말하면서 온 천하의 사람들을 다 자기 친구로 여긴다. 이러한 광범위한 친구론은 즐거울 때만 함께하는 친구만도 못하며 친구가 하나도 없는 것이나 다를 바 없기 때문에 중요한 때 당신의 케이불이 되어줄 수 없다.

　요즘처럼 진솔한 정을 찾기 힘든 시대에는 평소에는 간이라도 빼줄 것처럼 굴던 친구가 어려움에 처하면 흔적도 없이 사라진다며 사람 마음을 예측할 수 없다고 탄식하는 사람이 많다. 그런 사람은, 처음부터 나의 지원 시스템 속에 집어넣어서는 안 된다. 사람들은 대부분 어떤 상황에 처했을 때 만나서 밥은 한끼 먹을 수 있어도 함께 어려움을 감내하려고 하지는 않는다. 그런 사람에게 높은 기준을 요구한다면 세상 물정을 모르는 것이다.

　많은 친구들을 둔 여성이 한 사람 있다. 나도 그녀의 친구들 중 한 명이다. 훗날 그녀는 결혼을 하면서 점점 친구들과 소원해졌다. 몇 년이 지난 후 그녀가 갑자기 나를 찾아와서 자기가 이혼을 했는데 속에 있는 말을 누구에게 털어놓아야 할지 모르겠다며 무척 우울하다고 고백했다. 나는 하던 일을 모두 중단하고 그녀와 한 찻집에서 만났다. 그녀는 하염없이 눈물을 흘리며 친구들과 함께 모여 놀던 당시를 회상했다. 나는 어려운 일이 아니라며 친구들을 불러 모으겠다고 말했다. 그녀는 쭈뼛거리며 이렇게 말했다.

　"최근에 연락을 못해서 친구들하고 소원해졌어. 이혼하기 전에는 우리 집이 늘 친구들로 가득했지. 휴일만 되면 재료를 사다가 요리를 하느라고 손발이 정신없이 바빴어. 이혼하고 나서 전화하려고 수첩을 폈더니 눈앞이 캄캄해지더라. 평소에 만난 사람들이 모두 전 남편의 친구였던 거야. 나는 그 사람의 친구가 곧 내 친구라고 생각했는데, 지금에서야 깨달았어. 친구에도 편이 있다는 것을 말이야. 이혼과 동시에 나는 모든 친구를 잃었어. 내 친구들을 소홀히 대한 탓에 지금은 쓸쓸한 싱글이 되고 만 거지. 그래서 어렵게 용기를 내서 너한테 연락했어. 그동안 친구들에게 소원하게 굴었던 걸 생각하면 나에게 어찌나 화가 나는지……."

뒤에 그 친구는 자신을 지원하는 시스템을 복구했다. 나도 그 사건을 통해 한 가지 경험을 얻었다. 지원 시스템은 프라이버시와 같아서 감정이라는 집을 가장 비밀스러우면서도 강력하게 지탱해주는 구조라는 것을 말이다. 또한 결코 가볍게 여겨서는 안 되는 것이라는 것도 깨달았다.

지원 시스템은 끊임없이 돌봐야 한다

어려움이나 기쁨은 다른 사람과 나누어야 한다. 이는 일종의 심리적인 요구이다. 이를 거부할 수는 없기 때문에 이 흐름을 나에게 이로운 방향으로 이끌 줄 알아야 한다. 본질적으로 인간은 고독한 동물이다. 타인의 따뜻한 도움은 마음의 비타민과 같다. 지원 시스템을 얕본다면 멍청하다고까지 할 수는 없겠지만 무지하고 부주의하다고 말할 수는 있다. 나는 고독한 한 남성이 이렇게 한탄하는 말을 들은 적이 있다. "나의 가장 큰 고통은 쓸쓸할 때 의지할 사람이 없는 게 아니라 기쁠 때 함께 잔을 들고 축하해줄 사람이 없다는 사실이다." 좋은 옷을 입고 아무도 없는 거리를 거닐었으니 그가 얼마나 외로웠겠는가.

비바람을 피할 수 있는 은신처가 있으면 좋겠다고 생각하는 사람은 자신을 지원하는 시스템을 만들어야 한다. 온몸이 상처로 가득할 때 상처를 치료할 수 있는 호젓한 곳이 있으면 좋겠다고 생각한다면 그런 지원 시스템을 만들기를 권한다. 인생을 헛살았다고 생각하지 않고 기쁨을 함께 나누고 슬픔을 줄이고 싶다면 그런 지원 시스템을 만들기 바란다. 그것은 나의 마음이 기댈 수 있는 케이블일 뿐 아니라 나의 존재의 근거이며 삶을 그리워하는 중요한 이유이다.

어떤 사람은 이렇게 말할지도 모른다. "너무 자기 이익만 생각하는 것 아닌가요?" 나 역시 자연스러운 우정이 좋지 일부러 공들이고 애써 만든 우정은 좋아하지 않는다. 역사를 살펴보면 물론 나의 진정을 잘 알아주는 친구도, 말하지 않아도 서로 마음이 통하는 친구의 사례도 적지 않게 기록되어 있다. 그것은 일부러 만든 아름다운 이야기가 아니다. 그러나 보통 사람으로서 나의 생활을 더 풍부하고 다채롭게 하고 싶으면, 갑작스러운 좌절이나 액운을 만났을 때 좀 더 침착하고 냉정하게 피를 더 적게 흘리고 더 빨리 건강해지고 싶으면 신에게 기대지 말고 나의 힘으로 사전에 대비해야 한다. 날이 좋을 때 과일을 잘 가공해서 젤리로 만들어두어야 나중에 과일을 구하기 힘든 때가 되어도 향긋한 과일을 맛볼 수 있는 것과 같은 이치이다.

내부에서 주체적인 인격이 지지해주지 않고 외부에서 훌륭한 소통 방식이 마련되어 있지 않은 많은 현대인은 생존하면서 어려움을 겪는다. 우리는 평범하기 때문에 정신적으로 더 많은 준비를 해두어야 갑작스럽게 발생할 수 있는 재앙에 대비할 수 있다. 평소에는 향도 한번 사르지 않다가 어려움이 닥쳤을 때에만 부처님 발치에 엎드리는 태도는 실용적이고 이익을 도모하는 것이 아니라 나의 영혼을 가볍게 여기는 것이다.

이익이 아니라 사람에게 가치를 두라

좋은 지원 시스템은 인원수가 많지 않아도 수십 명의 거대한 대오를 이루므로 개인은 낼 수 없는 힘을 발휘한다. 어떤 사람은 이렇게 말할 것이다. "친구는 많으면 많을수록 좋은 것 아닌가요?" 물론이다. 친구가 한 사람 더 있으면 길이 하나 더 생기는 것이다. 친구와 지원 시스템은 완전히 같은 개념이라고는 할 수 없지만 상당히 많은 부분에서 겹치는 것이 사실이다. 만약 나의 친구 네트워크가 광범위하다면 가장 안정적이고 친밀한 친구만이 그 지원 시스템에 들어올 수 있다.

최근에는 친구라는 단어가 남용되는 경향이 있다. 친구는 이해관계로 맺어진 동료일 수도 있어서 이해가 어긋나면 친구는 사라지는 경우가 많다. 그렇다고 해도 지원 시스템은 여전히 존재한다. 지원 시스템이 관심을 두는 것은 단순히 이익이 아니라 바로 나라는 사람이기 때문이다. 언젠가 나의 실용가치가 연기처럼 사라져도 지원 시스템은 내 곁을 떠나지 않는다.

지원 시스템은 끊임없이 기르고 가꿔야 한다. 기름 치고 조이고 닦아주어야 한다. 보충하고 추려내야 한다. 보호하면서도 개선해야 한다. 헬스를 할 때 꾸준히 해야 하는 것처럼 지원 시스템에도 아낌없이 공을 들여야 한다. 지원 시스템을 '영원히 움직이는 기계'라고 생각한다면 그것은 엄청나게 잘못된 판단이다. 부모와 자식 사이라고 해도 서로 늘 교류하지 않으면 위기가 닥쳤을 때 나의 어려움과 필요를 문의하거나 적절한 도움을 받기가 어렵다.

나를 지원하는 시스템에 올릴 명단을 생각해보아라. 그들과 무릎을 맞대고 허심탄회하게 이야기를 나눈 적이 언제인지 기억도 잘 나지 않을 것이다. 그들에게 나의 생각과 변화를 자세하게 이야기한 지 얼마나 되었는가? 함께 차 마시고 저녁을 먹은 지 얼마나 되었는가? 그들과 함께 마지막으로 별을 바라보면서 산길을 걸은 것이 언제인가?

이렇게 말하는 사람도 있다. "생계의 압박 때문에 숨도 쉴 수 없습니다. 한가롭게 그럴 시간이 어디 있습니까?" 만약 지원 시스템을 정말 잊어버렸다면 내가 도움을 필요로 할 때 나의 아픔과는 무관한 동정이나 맥락 없는 설교를 듣는다고 해도 그들을 탓하면 안 된다. 평탄한 길을 갈 때는 안전벨트를 매는 일을 잊어버리는 경우가 종종 있다. 그러면 급정거를 했을 때 차 유리에 머리를 부딪혀 피를 흘릴 수도 있지 않은가.

지원은 기본적으로 쌍방향이다. 아무 조건 없이 다른 사람의 심리적 지원을 바란다면 그것은 거지의 구걸이나 다름없고 자신이 바라는 것을 얻을 수도 없다. 대가 없이 독촉하여 받아내려고 하는 것은 일종의 무임승차이고 모험이다.

지원 시스템의 명단이 너무 많으면 최대한 삭제해서 간단하게 만들어야 한다. 밭에 촘촘하게 야채를 심었다면 군데군데 뽑아서 숨통을 틔워주어야 한다. 마음은 끝없이 넓은 무대여서 의자를 너무 많이 설치해서는 안 된다. 지원 시스템에 오른 명단이 적다면 상황을 참작해서 늘려야 한다. 옛사람은 '인생에서 한 가지만 얻어도 만족할 줄 알아야 한다'고 했지만 그래도 사람이 많은 편이 좋다.

오래 전 한 친구가 적었던 지원 시스템의 목록이 떠오른다. 그가 쓴 것은 단 세 글자였다. 그의 애인이거나 부모일 것이라고 생각하고 관심 있게 살피지 않았는데, 자세히 보니까 그 세 글자는 바로 이것이었다. '대자연.' 나는 깜짝 놀랐다. 그는 다소 도전적인 어조로 물었다. "왜, 그건 안 되니? 꼭 사람이어야 하는 건가? 내가 생각해보니 대자연 속에서 파묻혀 있을 때만 느낄 수 있는 포용과 이해가 있었어. 그것은 내가 잊고 있던 평안함이었어." 나는 곧 평정을 되찾고 현실세계로 돌아왔다.

나는 말했다. "지원 시스템이 반드시 사람이어야 한다고 말하지는 않았어. 하지만 지원 시스템 속에 사람이 없는 건 좀 이상하지 않니?" 그러자 그는 이렇게 물었다. "사람은 믿을 수가 없잖아?" 나는 다시 그에게 물었다. "침묵하는 산수와 푸른 잎들 속에 있을 때에만 마음이 편해지고 상처가 점점 낫는다는 뜻이야?"

그가 대답했다. "바로 그거야." 나는 말했다. "자연 속으로 들어가는 것도 마음의 에너지를 얻을 수 있는 좋은 방법 중 하나지. 그래서 그 옛날 홀로 노닐던 은사隱士나 협객俠客도 많았던 것이고. 그러나 네 목록은 너무 간단하고 깔끔해. 고집을 피우겠다면 물론 네 자유야. 하지만 네가 대자연을 사랑한다면 자연이 얼마나 광대하고 자애로운지도 알겠지? 자연은 큰 나무든 작은 풀이든 그 품안에서 키우고 먹이니까. 자연은 만물을 키워내면서도 비관하지 않고 포기하지도 않고 편애하지도 않고 자기 공을 내세우며 오만하게 굴지도 않아. 네가 어떤 지원 시스템을 선택하면 네가 어떤 사람이고 어떤 방식으로 사는 사람이라는 것을 밝히는 셈이야. 너는 화려하고 사치스러운 생활을 하는 부잣집 아들에게도 난공불락의 지혜로운 지원 시스템이 있을 수 있다는 걸 상상하기 어렵겠지? 장막 안에서 전술전략을 세우고 어려운 일도 가볍게 처리하는 선현先賢이라도 정신없고 변덕이 죽 끓는 지원 시스템이 있을 수 있다는 것도 상상하기 어려울 거야."

몇 년 뒤 나는 대자연에 집착하는 그 친구를 다시 만났다. 그는 웃으면서 나에게 말했다. "아내와 딸이 나를 지원하는 시스템이 되었고, 동료들도 그 속에 들어 있어. 이제는 대자연 말고도 사람 속에서도 계시와 평안을 얻을 수 있게 되었어."

지원 시스템은 쌍방이 서로 주고받는 것

우리의 지원 시스템은 고장이 날 수도 있고 끊어질 수도 있으며 바꾸고 보수도 해야 한다. 이 세상에 끝나지 않는 파티는 없다. 사람이 떠날 때는 슬퍼하지 말기를 바란다. 그는 내가 내민 손을 감당할 수 없게 되었는지도 모른다. 나의 지원 시스템에 넣을 사람이라고 여겼는데 그가 내 믿음을 저버린다고 해도 원망하지 마라. 지원은 반드시 쌍방이 주고받는 것이다. 많이 의지하고 싶었는데 큰 도움을 얻지 못하는 경우도 더러 있다.

다른 사람이 나의 지원 시스템이 되어주기를 바란다면 나도 그의 지원 시스템이 되어주어야 한다. 이것은 공평한 거래를 도모하겠다는 의미가 아니라 사람과 사람 사이의 소박한 우정의 법칙이다. 친구가 나에게 울며 호소할 때 이를 마음의 쓰레기를 얹는 것으로 여겨서는 안 된다. 이렇게 사소해 보이는 호소에는 귀한 비밀이 담겨 있다.

우리 모두가 제각각 다른 사람인 것은 어떤 의미에서는 저마다 다른 삶의 이력을 가지고 있기 때문이다. 보통 사람으로서 나는 국가의 대사를 맡을 기회도 없고 천지를 뒤바꿀 수 있는 순간도 경험할 수 없다. 무수히 사소한 일들이 누적되어 저마다 다른 날들을 만들어낸다. 내가 조급해하고 탄식하는 이유는 먼 곳에 있는 높은 산 때문이 아니라 대부분 내 신발 속에 든 작은 모래 때문이라는 것을 기억해두자.

컴퓨터의 핵심 부품이 몇 개월마다 업그레이드되는 시대에 우리와 함께 세월을 보내는 친구들이야말로 귀한 재산이 아닐 수 없다. 미국의 전 국무장관 키신저 박사가 천단天壇 공원을 구경하러 왔을 때 중국 측에서는 자랑스럽게 기년전祈年殿과 회음벽回音壁과 같은 고 건축물을 소개했다. 키신저가 말했다. "천단의 건축물은 정말 아름답군요. 그것은 우리도 배워서 하나 만들어볼 수 있을 것 같습니다. 하지만 여기 있는 오래된 측백나무는 얻을 도리가 없네요."

훌륭한 공원은 쉽게 만들 수 있지만 오래된 나무는 얻기 어렵다. 오래된 친구도 오래된 나무와 같아서 금세 자랄 수는 없어도 금세 죽을 수는 있다.

숲은 오랜 시간 가꾸어야 한다. 오늘날 아무리 과학기술이 발달했다고 해도 오래된 나무는 옮겨 심는 게 고작이다. 나무는 옮겨 심을 수 있어도 우정은 접붙이듯이 할 수 없다. 가장 좋은 지원 시스템은 내가 울 때 옆에서 묵묵히 휴지를 건네주고 내가 눈물을 멈추지 않아도 이유를 묻지 않는 친구이다. 내가 말하지 않아도 그는 나를 존중해준다. 내가 계속 말하고 싶어 할 때는 말을 끊지 않는다.

최고의 지원 시스템은 내가 오랫동안 보지 못하고 살아도 일단 다시 만나면 지난번 만났을 때 나누었던 이야기를 꺼내서 막힘없이 술술 대화할 수 있는 친구이다. 이는 특별히 기억력이 좋거나 각별히 신경 써서가 아니라 내 마음속에 그에 관한 것이 독립적인 파일처럼 저장되어 있어서 그 친구를 보자마자 모든 기억이 순식간에 되살아나기 때문이다.

최고의 지원 시스템은 내가 너무 흥분해서 모든 것을 깜빡 잊는다고 해도 금세 마음속 깊숙이 새겨진 것들을 기억해내고 바로 내

본분을 떠올리게 한다.

최고의 지원 시스템은 내가 아무리 고통스럽고 괴로울 때도 나와 함께 탄식하고 나를 위해서 문제를 해결하려고 애쓴다.

최고의 지원 시스템은 내가 모순된 모습을 보여도 나를 질책하거나 비난하지 않고 나와 함께 역경 속으로 걸어들어 간다. 그는 내가 분명히 문제를 찾아서 해결할 것이라고 믿는다. 그는 다만 나와 함께 비바람을 맞아줄 뿐이다.

최고의 지원 시스템은 내가 고통을 겪을 때 나보다 더 고통스러워하면서도 눈물을 보이지 않는다. 그 눈물이 나의 마음을 상하게 할까 걱정하기 때문이다.

지원 시스템은 산에 올라 늑대를 잡는 것도 아니고 산을 옮겨 바다를 메우는 것도 아니며 양이 아닌 질에 의존한다. 구성하는 성분이 단조로우면 크나큰 세계를 상대하지 못한다. 시스템이 너무 낡아서는 곤란하므로 신선한 피가 필요하다. 지원 시스템은 솜사탕처럼 폭신폭신 하기만 해서는 안 된다. 지구를 깨끗이 씻어내는 태풍처럼 만물을 정화하는 기운을 그 속에 깊숙이 감추고 있어야 한다.

나를 지원하는 시스템을 돌보려면 많은 에너지가 필요하다. 그러나 그것의 보답은 가장 깐깐한 경제학자라도 그 가치를 인정할 것이다. 마지막으로 한 가지 더 말하자면 시스템 중 일부의 에너지를 사용해서 다른 일부의 결점을 보수해야 한다는 것이다. 이것은 책략이 아니라 시스템을 존중하는 일이다.

나를 위한 지원 시스템으로 새로운 청사진을 그려보기를 부탁

한다. 평생의 시간을 들여서 아름다운 지원 시스템을 짜나가기 바란다. 물질적인 재산도 축적해야겠지만 그와 동시에 나를 지원하는 시스템이라는 논에도 물을 대야 한다. 이익을 얻기 위해서 오가는 술잔도 있지만 마음을 알아주는 친구 사이에 나누는 맛있는 다향도 있다. 호텔식 아파트나 타운하우스에서 살게 되더라도 자신을 위해 모시풀로 엮은 작은 울타리를 치는 것을 잊지 말기를 바란다.

시스템은 말이 없지만 언제까지나 나를 지켜주는 든든한 우군이다.

다섯 번째 놀이

부모 다시 고르기

나와 주변 사람들의 관계는 나와 부모의 관계를 반영하고 있다.
마음속에서 부모와의 관계를 새롭게 정리하지 못하면,
다양하고 이상적인 다른 관계를 만들어낼 방법이 없다.

부모는 나의 또 다른 모습이다

다섯 번째 놀이의 이름은 '부모 다시 고르기'이다. 이 제목을 보면 많은 사람이 처음에는 놀라고 그 다음에는 불편한 심기를 드러낸다. 화를 내는 사람까지 있다. "이게 도대체 무슨 말인가? 나의 부모님은 세상에서 최고인데, 다시 새로운 부모를 고르라니, 이는 농담 정도가 아니라 불효막심한 일이 아닌가." 이 놀이를 하는 모습을 부모가 보기라도 하면 손가락질을 하며 욕을 퍼부을 테고, 집 밖으로 내쫓는다고 해도 원망할 수 없을 것이다. 부모 중 돌아가신 분이 있다면 이 제목은 천륜을 어기는 일이 될지도 모른다.

우리는 동방예의지국에 살고 있다. 신체발부수지부모(身體髮膚受之父母, 나의 골격, 터럭, 피부, 장기는 모두 부모로부터 받았다는 말-옮긴이)라는 말도 있듯이, 그 은덕을 다 갚지도 못하는 마당에 다시 부모를 고르는 일을 어떻게 용인할 수 있겠는가? 여기까지 보고 책을 내팽개친다면 나는 한숨을 쉴 수밖에 없다. 이것은 확실히 '무서운' 생각이다. 그럴 의도는 없었지만 혹 기분이 상했다면 용서를 바란다. 금기로 여겨지는 내용을 말할 수밖에 없었던 것은 괜히 놀라게 해서 관심을 받으려는 것이 아니라 부모가 우리의 심리 건강과 밀접한 연관이 있기 때문이다.

내 부모가 얼마나 좋은데, 왜 부모를 다시 고르라고 하는 것인지 묻는 사람도 있을 것이다. 이것이 바로 놀이를 시작하기 전에 풀어야 할 문제이다. 이 질문을 해결하지 않으면 이번 놀이는 연목구어

(緣木求魚, 나무에 올라가서 물고기를 구한다는 뜻으로, 도저히 불가능한 일을 굳이 하려 함을 비유-옮긴이)가 되고 말 것이다.

부모에게 쓴소리를 할 수 있을까? 이론상으로는 분명히 할 수 있다. 제아무리 위인이라고 해도 잘못이나 결점은 있기 마련이다. 부모는 완벽한 사람이 아니니 당연히 쓴소리를 할 수 있다. 그러나 실제로 부모에게 쓴소리를 해서 좋은 반응을 얻고 만족스러운 결과를 얻은 사람이 얼마나 되겠는가? 그런 사람은 많지 않을 것이다. 어떤 사람은 부모와 말다툼하거나 대들었던 경험, 집을 뛰쳐나갔던 일을 떠올릴 수도 있을 것이다. 그것은 쓴소리가 아니라 반역이다. 친구들과 거리를 두는 것처럼 객관적으로 부모의 장단점을 관찰해본 적이 있는가? 대부분은 부정적으로 대답할 것이다. 어떤 사람은 이렇게 말할 수도 있을 것이다. "그건 역사잖아요. 먼 훗날, 부모님이 돌아가신 다음에도 그분들의 잘잘못을 가려야 할 이유가 있을까요?"

심리학자는 엄숙하게 대답할 것이다. "그 역사가 결코 사라지지 않고 우리 마음속 가장 은밀한 곳에서 시시때때로 우리의 행위 기준을 정하고 우리의 희로애락을 조종할 것입니다."

징야오가 쓴 『나의 길』이라는 책에 이런 이야기가 나온다.

그녀의 처녀작 『창 밖』은 발표된 뒤 큰 호평을 받았고 영화화까지 되었다. 그녀의 부모는 영화가 개봉되고 사흘째 되는 날 영화를 보러 갔다. 영화를 다 보고 난 그들은 눈을 부릅뜨고 징야오를 노려보았다. 징야오는 이렇게 회고한다.

"세상에 그런 눈빛이 또 있을까 싶었어요. 차갑고 날카로워서 얼음 같기도 하고 예리한 칼 같기도 했어요."

한참을 노려보던 그들이 호통을 쳤다.

"너 같은 애가 어떻게 우리 딸이 되었지? 책으로도 모자라서 영화까지 찍어 부모를 욕보이다니! 그런 마음을 품고 있었으면 진작 우리를 왜 죽이지 않았지?"

징야오는 털썩 무릎을 꿇고는 어머니의 치맛자락을 붙잡고 펑펑 눈물을 흘렸다.

사리에 밝은 아버지도 딸을 용서하지 못했다. 그의 눈빛도 차갑기 이를 데 없었다. 그는 냉정한 눈빛으로 징야오를 보며 말했다.

"너는 영원히 이 일을 후회하게 될 것이다!"

순간 머리가 텅 비는 느낌을 받은 징야오는 그곳에 꿇어앉은 채 부들부들 떨면서 연거푸 뉘우쳤다.

"제가 잘못했어요! 제가 잘못했어요! 제 잘못이에요!"

어머니는 딸을 용서하지 않았고, 스스로 자학함으로써 딸의 양심을 괴롭혔다. 자기 몸에 고통을 가해서 딸의 양심을 심판대에 올린 것이다. 그녀는 다시 승리한 여왕이 되려고 했고 딸을 고개 숙인 적으로 만들었다. 이튿날 어머니는 곡기를 끊었다. 가족 모두 어머니의 머리맡에서 음식을 받쳐 들고 드시라고 권했다. 어머니는 물한 모금도 마시지 않았다. 나흘째 되는 날, 징야오는 새벽부터 두 손으로 밥그릇을 받쳐 들고 어머니 침대 옆에 무릎을 꿇은 다음 무엇이라도 좀 드시라고 애걸했다. 그러나 어머니는 상대도 하지 않고 눈을 감고 입도 열지 않았다. 닷새째 되는 날, 징야오의 여섯 살된 딸 샤오칭小慶이 할머니에게 와서 무릎을 꿇더니 말했다.

"할머니, 이제 화내지 마세요. 우유를 가져왔으니 드세요."

할머니가 아무런 반응을 보이지 않자 샤오칭이 다시 말했다. "할머니가 아무것도 드시지 않으니 엄마도 아무것도 못 먹고 가족 전부 다 굶어요. 샤오칭도 아무것도 못 먹겠어요……."

그 모습을 본 징야오는 바로 샤오칭 옆에 가서 무릎을 꿇었고 여동생도 무릎을 꿇었고 온 가족이 무릎을 꿇었다. 참으로 처참한 장면이었다. 어머니는 결국 눈물을 흘리며 샤오칭이 가져온 우유를 마셨다.

사건은 결국 해결되었지만 진을 다 뺀 징야오는 핑신타오(平鑫濤, 징야오의 남편으로 타이완의 성공한 출판 사업가. 징야오의 소설을 영화나 TV드라마로 제작하기도 했다-옮긴이)와 함께 타이중臺中에 가서 며칠 쉬려고 길을 떠났다. 그러다 자동차 사고를 내고 말았다. 징야오는 온몸에 상처를 입었고 다리 피부가 다 벗겨졌다. 여동생은 비장에 큰 출혈상을 입었고 핑신타오는 오른쪽 다리가 골절되었다.

이 이야기를 들으면 마음이 무거워진다. 우리는 늘 자상한 부모를 떠올리지만, 사실 기억은 현실보다 영원히 아름다운 법이다. 이렇듯 부모도 상처를 줄 수 있다. 가족도 상처를 줄 수 있다.

우리가 아직 아이일 때는, 어떤 것이 진정한 가르침인지 아니면 그저 부모가 당신의 울분을 쏟아내는 것인지 판별할 힘이 없다. 우리는 순종하는 하인처럼 부모의 말, 표정과 습관, 기호 등을 따르게 되고, 그러면 이것들이 물처럼 흘러서 머릿속 빈 곳을 채운다. 부모는 어른이고, 나에게 의식주를 제공하는 사람이다. 나는 어느 정도는 그들의 사랑과 베풂에 기대야만 어린 생명을 이어갈 수 있다. 그때 부모는 나의 하늘이자 땅이다. 나에게는 근본적으로 부모에 대해 분석하거나 항변하거나 반성할 힘이 없다.

나의 부모가 나를 빚어낸다. 나는 나도 모르게 부모가 보여준 대로 따라하게 된다. 나를 추스리고 다시 만들어내기 전에 나는 대체로 부모의 복제품과 다름이 없다. 이런 말을 들으면 발끈하는 사람도 있을 것이다. 책을 잠시 내려놓고 주변의 사람과 일을 떠올려보면 이 말이 근거가 있음을 발견하게 될 것이다. 이 놀이는 '부모 다시 고르기'라고 부르지만 실제로는 부모보다 나 자신과 더 많이 관련되어 있다. 어떤 의미에서는 내가 스스로를 다시 빚을 준비를 하는 대목이라고 할 수 있다.

이 놀이는 부모에 대한 효도나 존경과는 무관하다. 내가 책임지고 보장한다. 이 놀이를 끝내고 나면 부모를 더 깊이 알고 이해하며 온전히 받아들일 수 있을 것이다.

이제 이 놀이를 할 준비가 되었는가? 아직도 망설여진다면 너무 무리하지는 말기 바란다. 다음 장으로 넘어가면 된다. 다음 번 놀이에서 만나도 좋다. 마음의 준비를 하느라 시간이 좀 길어졌지만 서두르지 말기 바란다.

이 놀이는 아주 간단한다. 백지 한 장만 있으면 된다. 다만 한 가지 조건이 있다. 부모가 계시지 않은 곳, 적어도 부모 시선이 닿지 않는 곳에서 해야 한다. 가능하면 죄책감이나 불편함을 느끼지 않도록 말이다. 부모를 다시 고르는 일은 보통 사람 눈에는 조리에 맞지 않고 터무니없게 여겨질 수도 있다. 감정적인 장애요소를 최소로 줄여서 자유롭게 생각하고 상상하기를 바란다.

어떤 부모를 고를 것인가

백지 위에 '○○○의 부모를 다시 고르기'라고 쓴다. ○○○는 나의 이름이다. '○○○의 부모를 다시 고르기.' 이걸 보고 있으면 마음이 편하지 않을 것이다. 그게 정상이다. 이전에는 내 부모를 '잘라서' 퇴직시키고 새로운 부모를 '스카웃' 한다는 생각은 해본 적이 없을 것이다. 죄송하다고 생각할 필요는 없다. 이것은 그저 놀이일 뿐이다. 놀이는 어린이의 권리일 뿐 아니라 어른에게도 없어서는 안될 마음의 춤이다.

앞 단계를 완성한 다음에는 다시 고른 부모의 이름을 정중하게 써보라.

아버지:

어머니:

어쩌면 말도 안 된다고 고개를 획 돌려버리는 사람도 있을 것이다. 부모에 대해 여러 가지 불만을 가질 수야 있지만 정말로 부모를 버리라니, 눈이 휘둥그래지는 것도 당연하다. 진정하자. 이 놀이에서 가장 어려운 점이 바로 이것이다. 부모를 다시 고른다면, 누가 가장 좋을까 당신이 머리를 굴리기 시작했다면 축하한다! 당신은 첫 번째 관문을 성공적으로 통과하였다.

어떤 사람을 부모로 고르는 게 좋을까? 아주 어렵고 고통스러운 고민 속에 빠졌을 것이다. 심각하게 고민할 필요는 없다. 무의식은 마치 깊은 바닷속에 있는 인어와도 같아서 바다 위로 뛰어오르면서 유선형의 몸매와 입가의 수염을 드러낸다. 사실 그것은 미녀도 아니고 맹수도 아니다. 다시 고른 부모의 이름이 머릿속에서 문득 떠오르면 깊이 생각하지 말고 바로 적으면 된다.

그 사람은 내가 잘 아는 사람일 수도 있고, 전설 속에 나오는 신선이거나 마귀일 수도 있다. 영웅호걸일 수도 있고, 옆집의 노부인일 수도 있다. 이미 죽어버린 귀족일 수도 있고, 여전히 건강하게 살고 있는 평민일 수도 있다. 동물이나 식물일 수도 있고 산이나 호수일 수도 있다. 해와 달, 별일 수도 있고 면이나 곡물일 수도 있다. 강호의 협객일 수도 있고, 마른 칡넝쿨이거나 저녁의 까마귀일 수도 있다. 존경해 마지 않는 어른일 수도 있고 죽마고우竹馬故友일 수도 있다. 결론적으로 말해서 과감하게 마음속으로 진정 흠모하는 대상을 부모로 고르면 된다.

이렇게 말하면 당황할 것이다. 고를 수 있는 범위가 지나치게 넓은 것은 아닌가? 너무 넓어서 생각이 나지 않는다면 걱정을 없애주겠다. 이 놀이는 결코 나를 낳아준 친부모에게 불경한 일이 아니라 다만 한 번 해보는 조금 특별한 심리의 탐색일 뿐이다. 어떤 사람은 이렇게 물을 것이다. "생명이 없는 것도 된다면 괴상하게 생긴 돌이나 원자原子도 부모로 삼을 수 있다는 말씀입니까?"

내가 다시 고른 부모가 어떤 유형의 물체(내가 '물체'라는 단어를 사용하는 걸 헤아려주기 바란다. 불경하려는 뜻은 아니고 다만 서술의 편의를 위해서 이렇게 쓴 것이다)인지는 중요하지 않다. 중요한 것은, 이 놀이에서 결핍감을 채우는 것이다. 오랫동안 억눌렸던 감정을 표현할 때 새로운 세계를 구축할 수 있다.

부모는 바꿀 수 없지만 관계는 재정립할 수 있다

농촌 출신의 대학생이 한 사람 있다. 그의 부모님은 가난으로 고통 받는 시골사람이었다. 이 놀이를 하면서 그는 자기 어머니를 마릴린 먼로로 바꾸고 아버지는 청나라 황제 건륭제로 바꾸었다. 이것은 하나의 전형적인 사례이다. 나는 먼저 이 친구의 솔직담백함과 믿음에 감사했다. 이런 답안은 오해를 불러일으키거나 놀림을 받기 쉽다. 그것이 그 사람의 진심이라고 해도 말이다.

나는 그에게 물었다. "마릴린 먼로라는 여성이 당신에게 무엇을 뜻하나요?" 그가 대답했다. "그녀는 내가 아는 여자 중에 제일 예쁘고 세련된 사람이에요." 나는 말했다. "혹시 당신 어머니가 못생긴데다 촌스럽다고 생각하나요?"

그는 한참 동안 침묵하더니 대답했다. "그렇습니다. 중국 속담에 '아이는 어머니가 못생겼다고 싫어하지 않고, 개는 집이 가난하다고 싫어하지 않는다'는 말이 있지만 저는 못생긴 어머니가 싫었습니다. 정말 흉악한 패륜 행위지요. 평소에는 다른 사람에게 이런 생각을 표현한 적이 없어요. 하지만 어머니는 정말 못생겼어요. 어렸을 적부터 지금까지 얼마나 부끄러웠는지 모릅니다. 마음속으로 어머니를 얼마나 원망했는지 몰라요. 미추美醜의 개념을 자각하기 시작했을 때부터 저는 어머니와 같이 다닐 수가 없었고 앞서거니 뒤서거니 걷는 것도 싫었어요. 훗날 도시의 고등학교에 진학했을 때 어머니가 저를 보러 학교에 왔다가 제게 욕을 먹고 돌아간 적이 있어요. 친구들이 누구냐고 물었을 때 저는 거지라고 둘러대면서 예전에 내가 돈을 준 적이 있는데 나를 만만하게 봤는지 결국 여기까지 와서 돈을 구걸한다고 말해버렸습니다. 저는 이 말을 하면서 조금도 낯을 붉히지 않았습니다. 그러기는커녕 아주 떳떳하고 당당하게 말했습니다. 어머니가 못생긴 탓에 그 못생긴 유전자가 나에게 이어지고 그래서 내가 세상 사람들에게 백안시되면 어머니는 나에게 미안해할 것이라고만 생각했습니다.

아버지는 시골에 사는 평범한 농민입니다. 손재주가 좀 있어서 사람들에게 그만그만한 인정을 받으면서 삽니다. 사실 처음에는 아버지를 자랑스러워했는데 도시에 가서 대학에 입학한 다음, 세상 밖에 또 다른 세상이 있다는 것을 알게 되었습니다. 그제야 아버지가 얼마나 보잘것없는 사람인지 깨닫게 되었습니다. 친구들의 아버지는 지역 텔레비전에 늘 얼굴을 보이는 주요 인사이거나 엄청난 거부였고 조금 부족한 사람이라도 국영기업의 사장 정도는 되었습니다. 경기가 좋지 않을 때라도 늘 차로 아이들을 통학시키고는 했지요.

사회를 높은 빌딩에 비유한다면 저는 분명히 지하 차고쯤에 위치해 있을 것입니다. 그러나 이 지위는 부모님이 제게 강제로 물려준 것입니다. 제 마음속 바탕에 자리한 이런 심층적인 분노로 인해 저는 스스로를 비하하고 지나치게 예민한 사람이 되었습니다. 죽을힘을 다해 노력하고 싸워보았지만 어떤 형식과 정도의 불공평은 바꿀 수 없었습니다. 저는 유약한 성격이지만 어떤 경우에는 칼 루이스처럼 총알 탄 사나이가 되어버립니다."

나는 말했다. "저를 믿어줘서 정말 고맙습니다. 사실 부모는 바꿀 수가 없어요. 우리는 그 속에서 나의 태도를 발견하게 될 뿐입니다. 먼저 당신에게 한 가지 질문을 하고 싶습니다. 아버지의 이름이 건륭제가 아니라 당 태종이나 영국 총리였던 블레어라면 어떨까요?"

그는 웃으면서 대답했다. "그래도 상관없겠지요." 나는 말했다. "총리나 황제가 아버지가 되었으면 하는 마음의 배경에는 어떤 것이 있어요. 당신은 그것을 알아차릴 수 있나요?"

그는 조용하게 오랫동안 생각했다. 한 세기쯤의 시간이 지난 것 같았다. 그는 천천히 말을 꺼냈다.

"반평생 저를 따라다니던 분노의 원인이 어디에 있는지 이제 알겠어요. 저는 지위와 권력을 부러워합니다. 저는 사람들의 주목의 대상이 되고 싶어요. 저는 아름다운 용모와 재력을 갖고 싶습니다.

신분을 중시하고 명예를 사랑해요. 저는 큰 나무에 기대어서 쾌적한 기분을 느끼고 싶어요. 이런 것들을 만족시키지 못하면 저는 하늘을 원망하고 남들에게 투덜거렸어요. 극단적인 마음이 되어서 출생부터 완전히 달라졌으면 하고 바랐습니다. 그래서 부모님을 원망하면서도 이곳은 '효孝'가 중시되는 사회이다 보니 흉금을 솔직하게 털어놓을 수가 없었습니다. 이런 복잡한 감정들이 서로 뒤섞이면서 저를 불편하게 했어요. 일하거나 생활하면서 좌절할 때마다 제가 어떻게 해볼 수 없는 선천적인 차이를 떠올리면서 아무리 애써도 어쩔 수 없는 일이라고만 생각했어요."

나는 말했다. "솔직한 고백에 감사합니다. 그건 다르게 해석할 수도 있어요. 다르게 생각해본 적이 있나요?"

그는 한참을 멈추어 생각하더니 이렇게 말을 꺼냈다.

"이런 게 있는 것 같아요. 저는 평범하고 가난한 부모님 아래에서 자랐습니다. 부모님은 생활고를 겪으면서도 저를 기르느라고 고생이 많으셨습니다. 저는 못생겼지만 부모님은 제가 부모님을 싫어한 것처럼 저를 싫어하지 않았어요. 오히려 아낌없이 사랑해주고 힘이 닿는 데까지 저를 도와주셨어요. 그분들은 사회 가장 밑바닥에 처해 있지만 온힘을 다해서 제가 공부할 수 있도록 힘써 주었습니다. 그 덕분에 저는 도시의 대학에 들어갔고 더 넓은 시야와 풍부한 지식을 얻게 되었습니다. 그분들은 제가 그들을 자랑스럽게 여기지 않는다는 사실을 알고 있어요. 제가 더 그럴 수 없이 차갑게 구는데도 언제나 저를 사랑해줍니다. 그분들은 자신들의 허약한 어깨

로 제 앞길을 떠받쳐주고 있습니다. 아무런 보답도 바라지 않으면서
요. 제가 역사와 국적을 뛰어넘어 면로와 건륭제를 부모로 삼아서
권력과 아름다운 용모를 둘 다 얻으려 한 것은 제가 나약한 사내이
자 탈영병이나 다름없는 인간임을 알려줍니다. 저는 스스로를 비하
하고 근본을 잊고 있었던 것입니다……."

이렇듯 피눈물을 흘리는 듯 애절한 반성에 나는 마음 깊숙이 감
동했다. 앞으로 그 젊은이가 생각한 대로 걸어간다면 길게 늘어진
그의 곧은 그림자에서 새로운 힘을 만날 것이라고 믿는다.

부모와의 관계는 모든 관계의 출발점이다

우리는 부모에게 불만을 가질 권리가 있는 것일까? 이것은 민감
한 주제이다. 여러 해 전에 나는 존 브래드쇼라는 심리학자가 쓴
『가족』이라는 책을 읽으면서 깜짝 놀란 적이 있다. 가족은 행복을
주는 존재라고 생각했지 속에 은밀한 살기를 품은 존재라는 식의
이야기는 들어본 적이 없었기 때문이다. 나는 가족이 우리에게 주
는 온기만을 떠올렸지 가족이 우리에게 주는 차가움에 대해서는
성토해본 적이 없었다. 우리는 가족으로부터 힘을 얻기를 바랄 뿐
가족이 에너지를 삼키는 검은 동굴과 같은 존재라는 사실은 알지
못한다. 가족으로부터 받은 심리적 폭력이 우연한 것이라고만 생각
하지 거의 모든 이들이 비슷한 체험을 한다는 사실은 잘 모른다.

어쩌면 대규모의 전쟁으로 인한 상처보다 가족에게 상처를 입는

사람이 더 많을지도 모른다. 우리 주위에는 보이지 않는 피를 철철 흘리는 사람들이 적지 않다. 그런 피와 상처는 대부분 부모로 말미암은 것이다. 새롭게 고른 부모와 나를 낳아준 친부모를 비교하는 과정에서 마음속에 납작 엎드리고 있는 깊은 기대를 느낄 수 있을 것이다. 그런 바람을 받아들이는 것은 결코 죄악이 아니다.

만약 부드러운 여성의 이름을 적었다면 부모가 당신에게 가하고 있는 정신적인 압력을 깨끗이 제거해야 하는 상황인지도 모른다. 결단력 있는 영웅을 쓴 사람은 우유부단한 부모를 원망하고 있을 수도 있다. 늘 자신을 웃게 만드는 개그맨의 이름을 적었다면 부모가 지나치게 엄격하고 유머감각이라고는 찾아볼 수 없는 재미없는 사람이고 자신도 그런 기질을 물려받아서 무의식 속에서 다시 부모를 고를 때는 그런 유머러스한 유전자를 물려받고 싶어 하는 것인지도 모른다.

아무리 많은 유형의 부모를 고른다고 해도 실제 세계에서는 그 일만분의 일도 이룰 수 없다. 마음은 참으로 오묘한 것이어서 어떠한 것이든 가정하고 기대하고 해석하면 얼굴이 허옇게 질리게 하는 묘한 특성이 있다. 나의 마음을 마주하고 그것이 내보내는 고요하고 신비한 신호를 풀어내는 것이 우리 평생의 숙제이다.

부모와 아이의 관계는 극도로 밀접한 관계에 있다. 하이뎬海淀 구의 소년법원 법원장인 상슈원尚秀云은 수백 명의 미성년 범죄자를 판결했다. 그녀는 말했다. "비행 청소년은 종종 문제 있는 부모로 인해 생깁니다. 사기, 날조 등의 청소년 범죄자 7명 중 6명은 가장이 성실하지 못한 사람이었습니다. 절도죄를 저지른 14명의 비행 청소년 중 열세 가정의 가장이 돈만 밝히고 작은 이익과 편리를 욕심내는 사람이었습니다. 폭력 전과로 고의상해죄를 저지른 비행 청소년 15명 중 열두 가정의 가장이 성격이 거칠고 급해서 남들하고 싸우기 좋아하고 툭하면 아이를 욕하고 때리는 사람이었습니다."

우리의 욕망과 마주하고 있으면 정리해야 할 것들이 얼마나 많은지 모른다. 부모의 자세나 용모의 차이 속에서 나의 심미적 취향을 알 수 있다. 부모의 학력 수준을 보면서 나의 학벌 관념이나 계층에 대한 생각을 분석해낼 수 있다. 만약 부모를 고를 때 그들의 경제상황을 유독 신경 쓴다면 그 속에서 돈에 대한 태도를 알 수도 있다. 부모의 성격에 신경을 많이 쓴다면 어린 시절 부모에게 정신적인 충격을 받았을 수도 있다.

생활은 관계로 이루어진다. 불교에서는 세계가 인연으로 이루어졌다고 말한다. '인연'은 곧 관계이다. 모든 사물은 관계가 있다. 나와 주위 사람의 관계를 보면 나와 부모의 관계를 알 수 있다. 마음속에서 부모와의 관계를 제대로 정리하지 않으면 기타 다양한 관계들을 이상적으로 만들어낼 수가 없다.

부모는 우리 인생에서 처음으로 만나는 윗사람이다. 우리는 부모에게 복종해야 하고 그들의 칭찬을 받아야 하며 그들의 환심을 사야 한다. 그래야만 스스로 가치 있는 사람이라고 여길 수 있고 자존심을 지킬 수 있다.

이렇게 생각해보자. 윗사람과의 관계가 나도 모르는 사이에 나와 부모와의 관계와 겹치지 않는가? 외국기업에서 일하던 사무직 직원을 한 사람 알고 있다. 그는 열심히 노력해서 업무에서 중추적인 역할을 하는 사람이 되었고, 곧 중국 지역의 책임자로 발령받을 상황이었다. 그런데 그가 나를 찾아와서 속내를 털어놓았다. 자신은 회사를 옮길 준비가 되어 있고, 작은 회사로 옮겨서 처음부터 다시 시작해보고 싶다고 하였다. 나는 혼란스러웠다. 그가 도대체 무엇을 원하는지 알 수가 없었기 때문이다. 사장이 되고 싶은데 아무것도 없는 상태에서 맨손으로 시작해야 한다면 승승장구하는 지금의 상황에서 최선을 다하는 게 논리에 맞을 것이다.

그러나 그는 고집스럽게 고개를 저으며 말했다. "작은 회사에 가봤자 그저 직원일 뿐이고 남 대신 일할 뿐이잖아요." 나는 말했다. "저는 잘 모르겠네요. 좋은 대우와 발전할 수 있는 기회를 포기하고 작은 회사에 가려는 이유가 무엇이죠?" 그 젊은이는 말했다. 진정한 이유는 자기가 곤혹스럽기 때문이라고, 사장이 자기를 마음에 들어 하는 것인지 아닌지 도무지 모르겠다는 고백이었다.

나는 말했다. "사장이 당신 월급을 올려준 것은 더 많은 책임을 당신에게 지우기 위한 것이라고 말했잖아요. 그게 사장이 당신을 마음에 들어 한다는 증거가 아닐까요?"

이야기가 여기까지 진행되자 그는 문득 깊은 생각에 빠져 침묵하더니 문제가 무엇인지 알아냈다. 어른은 보통 윗사람과의 관계를 설명하면서 '마음에 들어 한다'는 표현을 쓰지 않는다. 반대로 어린아이는 다른 사람의 '마음에 들고' 싶어서 안달을 한다. 그는 어째서 윗사람이 자신을 마음에 들어 하는지 아닌지 하는 문제에 그토록 매달린 것일까?

심도 있는 토론 끝에 그가 나에게 말했다. "벌써 몇 번째 회사를 옮겼는지 모릅니다. 옮길 때마다 사장이 저를 마음에 들어 하지 않는 것 같은 기분이었어요. 그러면 바로 회사를 옮기곤 했습니다."

그는 그것이 도대체 어떻게 된 영문인지 전혀 모르고 있었다. 그는 어려서부터 아버지의 칭찬과 꾸중을 들으며 자랐다. 그의 아버지는 구소련 파블로프 학파의 조건반사학설에 깊이 심취한 사람이었던 모양이다. 상과 벌을 분명하게 하면 바로 효과가 나타난다고 믿은 그는 잘하든 못하든 얼굴 표정으로 의사를 드러냈는데, 그 효과를 보는 시간도 어찌나 짧게 잡았는지 칭찬도 하룻밤을 넘기는 일이 없고 꾸중도 하룻밤을 넘기지 않았다.

이런 상황에서 자란 젊은이는 일하고 나서도 하루 이틀 안에 사장이 칭찬을 해주지 않으면 마음속으로 초조해하고 불안에 떠는 사람이 되었다. 더 오랫동안 격려의 말을 듣지 못하면 감정이 천 길 낭떠러지로 가라앉아 버렸고 결국 나중에는 정신이 온통 거기에만 쏠려서 아무것도 하지 못하는 상황이 되고 말았다. 그에게 있어서 칭찬은 아편과도 같은 마약이 된 것이다. 칭찬만 해주면 금방이라도 날아갈 듯이 의기양양해졌다가 칭찬을 듣지 못하면 하늘이 무너지기라도 한 것처럼 죽을상을 하고 다녔다.

문제점을 발견한 후 이 청년은 갑자기 활달해졌다. 어른이 되었지만 이 청년의 마음은 사실 한 어린이의 그림자 속에 깃들어 있었던 것이다. 어렸을 적의 기억이 마음속에 깊숙이 똬리를 틀고 있었기 때문에 사장을 아버지로 생각하고 부자 관계를 업무 관계에 투사했던 것이다. 칭찬을 듣지 못하면 어린 시절의 초조와 공포가 스멀스멀 기어 올라왔다. 그래서 남들로부터 버림받을 위험을 피하기 위해 아예 자기가 먼저 강수를 두어서 이직을 선택하고는 했다. 겉으로 보기에는 자기가 사장을 자르는 것 같지만 실제로는 자신감 없는 마음가짐이 만든 사단이었다. 상처를 열어본 그 청년은 두 어깨를 활짝 펴고 말했다. "오늘부터 저는 어른이 될 것입니다. 이제부터는 어른의 마음가짐으로 살아갈 수 있을 것 같아요."

나와 부모와의 관계에는 이처럼 표현할 수 없는 마력이 존재한다. 햇볕을 받아 녹아내리는 아스팔트처럼 자신도 모르게 모든 중요한 관계에 침투하는 것이다.

나는 이상적인 부모가 될 수 있을까

늘 만면에 미소를 띠고 있는 한 여성이 시집을 갔다. 결혼 전 그녀는 시집가서 훌륭한 며느리가 되겠다고 마음속으로 다짐했다. 시부모가 애써 키운 자식이 그녀의 남편이 되었으니 얼마나 고마운 일인가. 그녀는 시부모의 아들을 사랑했고 시부모에 대한 효도를 무엇보다 우선시했다. 그러나 결혼 후의 생활은 그녀가 상상한 것처럼 따뜻하고 단순명쾌하지 않았다. 그녀는 가능하면 웃으려고 했지만 웃는 얼굴로도 시어머니의 잔소리와 시아버지의 가혹한 요구를 감당할 수 없었다. 며느리가 대응할 수 있는 방식은 오로지 한결같은 인내뿐이었다. 드디어 인내도 바닥이 나버린 어느 날, 웃는 얼굴은 눈물로 범벅이 되었고 며느리는 화산처럼 폭발했다. 히스테리라도 터뜨려야 마음에 숨통을 틔울 수 있었기 때문이다. 이 숨통은 자책으로 다시 막혔다. 이를 뉘우친 그녀는 살림도 배로 열심히 하고 시어머니에게 더 귀한 선물을 사다드렸다……. 다시 잔소리와 가혹한 요구가 시작되었고, 그와 더불어 히스테리 발작의 조짐도 다시 무르익었다. 부모와 아내 양쪽 사이에 낀 남편은 샌드위치가 되어 형체마저 사라질 지경이었다. 나를 찾아온 며느리는 대성통곡하며 고백했다. 이 패턴을 바꿔서 자신도 구하고 남편도 구하고 싶다는 이야기였다.

한참을 상의하다 보니 결국 이야기가 며느리와 그녀의 친부모와의 관계로 돌아갔다. 그녀는 결혼 전 눈에 넣어도 아프지 않을 예쁜 딸이었다. 아버지, 어머니는 떨어뜨리기라도 하면 깨질새라 극진하게 딸을 보살폈다. 이 소녀가 사람들의 마음에 들기 위해서는 달콤한 말과 웃는 얼굴만 있으면 충분했다. 웃는 얼굴로 자기의 꽃무늬 치마와 그림책을 얻었다고 판단한 소녀는 사람들에게 더 활짝 웃었다. 물론 소녀에게도 괴로운 일이 없었던 것은 아니다. 웃는 표정을 짓지 못할 때는 섭섭해서 대성통곡을 했고 한바탕 그렇게 풀고 나면 비온 뒤 갠 하늘처럼 다시 웃음을 지을 수 있었다. 소녀는 차차 자라서 어른이 되었지만 이 주기적인 발작은 결코 근본적으로 고쳐지지 않았다. 시댁에 갔을 때 그녀는 마음속으로 시부모를 부모처럼 여겼고 그녀가 부모를 대하는 패턴이 온전히 다시 드러나게 되었다.

이 며느리는 나에게 물었다. "제가 바뀔 수 있을까요?"

나는 말했다. "그 해답을 쥐고 있는 것은 제가 아닌 것 같군요."

긴장한 그녀가 다시 물었다. "그럼 누가 그 답을 알고 있을까요?"

나는 말했다. "당신처럼 똑똑한 분이 왜 답을 맞히지 못할까요? 남편은 그대로 두고 시부모님을 당신이 다시 고를 수 있다면 어떤 사람을 선택하겠어요?"

며느리가 대답했다. "제가 생각하는 이상적인 시부모님은 다른 사람을 선의를 가지고 이해하는 사람이에요. 제가 다시 시부모님을 고를 수 있다면 시아버지는 허선(許仙, 중국 고대 민간전설 이야기 『백사전 白蛇傳』의 남자 주인공. 약을 캐러 다니던 어린 시절 선심을 베풀어 하얀 뱀을 구했는데, 훗날 그 뱀이 허선에게 보답하기 위해 백낭자白娘子라는 아가씨로 변하여 그에게 시집갔다-옮긴이), 시어머니는 설보채(薛寶釵, 『홍루몽紅樓夢』에 등장하는 주요 인물 중 하나. 금릉사대가金陵四大家 중 하나인 설씨 가문의 금지옥엽 아가씨로 재덕을 겸비하였다. 외모는 차가우나 따뜻한 마음씨를 가진 캐릭터로 등장한다-옮긴이) 같은 분을 고르겠어요."

나는 말했다. "당신이 늘 고뇌하는 것은 다른 사람이 당신의 마음속 생각을 몰라주기 때문이 아니었나요? 본인이 직접 마음속을 털어놓으면 어떨까요?" 며느리는 난처해하며 말했다. "어떻게 말해야 좋을지 모르겠어요. 다른 사람이 제 마음을 알아주었으면 좋겠어요. 알아주지 않으면 저는 하던 대로 순종하는 모습을 보일 거예요. 그래도 마음을 알아주지 않으면 저는 착하게 그들의 말에 따르고 시간을 주면서 언젠가는 제 마음을 알아주기를 바랄 거예요. 모든 노력이 실패로 돌아가면 버럭 화가 치밀면서 눌렀던 분노를 쏟아내겠지요. 그러고는 순식간에 막돼먹은 여자가 되겠지요. 이게 제 탓일까요?"

나는 대답했다. "원망이 쌓였을 때 바로바로 속마음을 털어놓으면 어떨까요?"

며느리는 겁을 내면서 말했다. "저는 그럴 수 없어요. 습관이 그렇게 들지 않았거든요."

나는 말했다. "상황을 바꾸고 싶으면 시도해보세요. 허선과 설보채는 부부가 될 수 없고, 당신의 부모님이나 시부모님이 될 수는 없어요. 당신 자신만이 자신을 구할 수 있습니다."

이후로는 그녀를 보지 못했지만 가끔 그녀가 생각난다. 그녀는 자신과 남편을 구해냈을까? 분명히 그랬을 것이라고 믿는다.

이 놀이는 자신이 부모가 될 자질이 있는지 검토하는 계기도 된다. 요즘은 무슨 일을 하더라도 자질이 요구된다. 회계사든 변호사든 엘리베이터 수리공이든 개 조련사든 전문적인 승인을 받아야 한다. 괴이한 것은, 결혼하고 부모가 되는 일은 특별한 훈련이나 심사를 거칠 필요가 없다는 사실이다. 진실로 광대무변한 세상에서 세상의 모든 남녀가 자연스럽게 잠재적으로 부모의 자질을 가지고 있다고 믿는 것이다.

스스로를 위해서 이상적인 부모를 꼽았다면 생각해보라. 나는 부모가 될 만한 사람인가? 대답이 긍정적이라면 그것은 아이를 위해 축하할 일이다. 아이가 아름다운 어린 시절을 보내고 자신감 있는 인생을 살아나갈 수 있으리라는 믿음을 가질 수 있기 때문이다.

부모는 우리 인생의 첫 번째 선생이다

한 노인이 바위처럼 꿈쩍도 않고 있었다. 나는 물었다. "무슨 생각을 그렇게 골똘히 하세요?" 노인은 별로 달갑지 않은 어조로 대답했다. "부모님이 세상을 떠난 지 한참이 지났는데, 왜 저 저승에서까지 편안하게 지낼 수 없게 하는 거요! 나는 당신의 놀이를 따라 해서 당신 뜻대로 되게 내버려두지 않겠소."

나는 말했다. "어르신, 이 놀이는 어르신의 부모님을 욕보이는 일이 아닙니다. 사실은 나의 내면세계를 탐색하는 일이라고 할 수 있어요. 나이가 들수록 더 자신을 알아야 할 필요가 있습니다. 나이가 많아질수록 사람들은 점점 자기 부모님과 닮아갑니다. 밥 먹을 때의 입맛이나 걷는 자세, 말하는 어투도 부모님과 똑같아지는 경우가 많습니다. 이것은 생물학적 유전의 결과이기도 하지만 부지불식간에 가족을 따라하다가 그렇게 되는 경우가 더 많습니다.

어르신은 스스로를 잘 알고 있다고 생각하십니까? 어르신의 평생을 더 분명하고 또렷하게 알고 싶지 않으세요? 죽음이 가까워지면 자신을 더 알고 싶다는 욕망도 절박해지는 법입니다. 미국 디즈니 사의 창업자인 월트 디즈니는 이렇게 말했습니다. '계속 성장하지 않으면 결국은 죽음으로 향하게 된다.' 월트 디즈니가 이 말을 했을 때 그는 아직 젊었습니다."

침묵을 지키고 있던 노인은 놀이를 하기 시작했다. 놀이를 마치고 나서 그는 엄숙한 얼굴로 아버지의 모습이 떠올랐다고 고백했다. 사실 노인은 아버지의 얼굴을 본 적이 없었다. 유복자였던 것이다. 그가 처음 듣고 이해한 말은 바로 이것이었다.

"분발해야 해. 아버지에게 떳떳한 사람이 되어야지." 그가 어쩌다 미소라도 지으면 그의 웃는 얼굴을 보는 사람마다 이렇게 말하고는 했다. "이것 봐, 이것 봐. 아이가 웃는 모습이 제 아버지랑 똑같네!" 그때부터 그는 다르게 웃을 수 없다는 사실을 깨달았다. 입술을 삐죽이는 폭도 그는 본 적 없는 아버지와 닮아야 했다. 밥 먹을 때 어떤 반찬을 집으려고 하면 어머니가 바로 말했다. "하느님 맙소사! 죽은 사람하고 어쩜 저렇게 입맛이 같을 수가 있지? 피라는 것은 정말 무시할 수 없구나!" 그때부터 어머니의 마음에 상처를 입히지 않기 위해서 그는 다른 반찬은 먹지 않았고 고되고 힘든 일도 기꺼이 해야만 했다.

노인은 말했다. 자신은 평생 본 적도 없는 아버지의 그림자에 짓눌려 살아야만 했고 하늘에서 아버지가 형형한 눈빛으로 자신을 늘 내려다보고 있는 느낌이었다고 했다. 다른 아이가 잠시라도 자기 아버지로부터 숨어서 약간의 자유라도 얻을 수 있었다면, 그는 1분도 그런 자유를 누린 적이 없었다. 아버지는 이미 돌아가셨지만 죽은 후에도 하늘 위에서 마치 신선과 같은 능력을 가지고 있었기 때문에 유복자인 노인은 단 하루도 온전히 자기 자신일 수 없었던 것이다.

노인은 자기가 생각하는 이상적인 아버지는 바로 '없음'이라고 말했다. 그는 이미 아버지의 그늘 아래에서 평생을 보냈기 때문에 이제 그것으로부터 해방되어서 자유롭고 싶다고 했다.

부모는 우리 인생의 첫 번째 선생이다. 그들의 이미지를 다시 디자인함으로써 자기 인생을 회고하고 전망하는 일은 언제 시작해도 늦었다고 할 수 없다.

다시 고른 부모의 이름이 바로 친부모라면 축하한다. 그럴 가능성은 높지 않지만 정말 보기 드문 행복을 누린 사람일 것이다. 다만 이 놀이를 마친 다음에 부모가 여전히 건재하다면 집에 돌아가서 그분들을 껴안고 진심으로 감사하다는 이야기를 건네기 바란다. 이미 돌아가셨다면 별이 빛나는 밤하늘에 대고 그들의 영혼을 멀리 바라보면서 미소 짓고 존경하는 마음을 표하기를 바란다. 부모는 다시 고를 수 없는 존재이다. 그러나 우리 마음속에서 다시 인식하고 부활시키는 것은 가능하다.

여섯 번째 놀이

나의 묘비명을 쓰라

이 놀이는 나에게 아직 묘비명을 다시 쓸 만한 충분한 시간이
남아 있다는 것을 알려준다.
내가 평범한 나에게 만족하지 못한다면
아직 영웅이 될 수 있는 시간이 있다.
죽음을 향한 수행의 목적은 결국 더 잘살기 위해서이다.

죽음을 생각하는 것은 현재를 잘살기 위해서이다

이번 놀이의 이름을 읽고 많은 사람들이 냉랭한 눈길을 보낼지
도 모르겠다. 어떤 사람은 "재미도 없네. 도대체 이렇게 살풍경하고
음험한 놀이를 계속 해야 하는 것인가?"라고 불만을 토로할 것이
다.

이 놀이에 대해 거부감을 느낀다면 먼저 다른 놀이를 해보기로
하자. 몸 풀기 운동이라고 생각하라. 아니면 놀이를 위아래 두 대목
으로 나눈다고 표현해도 좋다.

먼저 '비행기의 추락'이다.

왜 좀 더 긍정적인 이야기는 하지 않고 등허리에 식은땀 질질 흐
르게 할 이야기만 골라서 하느냐고 묻는 사람도 있을 것이다. 그럼
'공포' 놀이라고 부르기로 하자. 그래도 의미에는 변함이 없다. 세계
적으로 테러 사건이 많이 일어난다. 우리가 좋아하든 좋아하지 않
든 우리 주위에서 벌어진다.

중국에는 이런 옛말이 있다. '범사예즉립, 불예즉폐(凡事預則立, 不
預則廢, 무슨 일이든 준비를 해야 성공하고, 준비를 하지 않으면 실패한다는 뜻-옮긴
이)'. 여기서 '예預'는 무슨 뜻일까? 이 단어는 예측한다, 미리 짐작한
다는 단어인데 앞당겨 준비한다는 의미를 가지고 있다.

묘비명墓碑銘은 사람이 죽고 나면 묘지 비석에 새기는 글이다. 비
행기의 추락도 생사가 걸린 중요한 순간이다. 이 두 가지 놀이의 핵
심은 생명의 위협을 느낄 때, 죽음이 닥쳤을 때 우리가 어떤 준비를

할 것인지 생각해보는 것이다.

너무 오래 생각하지는 말기 바란다. 현대사회에서 사람의 수명은 예전보다 크게 늘어났다. 과학기술과 의학도 엄청나게 발전했다. 그러나 여전히 옛날과 마찬가지로 언제 죽을지 정확하게 예측하는 것은 불가능하다. 이 점에 있어서는 현대인은 고대인보다 나을 것이 조금도 없다. 사람은 죽기 마련이다. 이것은 상식이다. 상식은 받아들여야 한다. 편안하게 진실을 받아들이지 못한다면 결국 강제로 사실을 받아들이게 될 것이다. 그때가 되면 분노하고 위축되고 슬프겠지만 그래도 어쩔 수가 없다. 만약 타조처럼 머리를 땅에 묻고 이 모든 일이 벌어진 적이 없는 듯 군다면 죽음은 금세 불청객이 될 것이고 손해를 보는 것은 결국 나와 내 가족이 될 것이다.

사람들은 죽음에 대해 이야기하는 것을 좋아하지 않는다. 죽음은 상서롭지 못하고 추악하다고 생각한다. 예전에 젊은 친구들에게 이런 질문을 던진 적이 있다.

"죽음이라는 말을 들으면 어떤 단어가 연상되나요?"

거의 모든 이들이 떠올린 것들이 부정적인 느낌의 단어였다. 어두움, 검정색, 차가움, 부패, 더러움, 누추함, 두려움, 놀라움, 분리, 통곡, 아픔, 절망……. 이런 단어들은 슬쩍 살펴보기만 해도 몸과 마음이 무척 불편해진다.

반대로 갓난아기를 보았을 때는 어떠한가? 모두들 다음과 같은 단어들을 떠올릴 것이다. 밝음, 발전, 활발, 희망, 황금색, 따뜻함, 기대, 즐거움, 행복, 눈부심…….

죽음과 생명은 느끼는 마음이나 감각이 완전히 다르다. 어차피 삶과 죽음이 인생과 떨어질 수 없는 것이라면 순조로운 삶을 받아들이는 것처럼 죽음도 담담하게 받아들여야 할 것이다. 현대 의학이 임종의 고통을 덜어줄 수 있게 되면서 죽음의 공포는 점점 약해졌고 생리적인 고통도 기술의 사용으로 많이 덜어졌지만 심리적인 고통은 덜어진 바가 없다.

어떤 사람은 이렇게 말할 것이다. "나는 아직 나이가 어리니 죽음은 멀고먼 훗날의 일이 될 것입니다. 나이가 많아지면 그때 다시 생각해도 되지 않을까요?"

나는 심지어 환갑잔치를 한 사람이, 옆의 사람들이 죽음에 대해 이야기하니까 황망한 표정을 지으면서 자신은 그런 일을 생각해본 적이 없으며 아직도 내게는 죽음이 멀었으니 다음에 이야기하자고 말하는 경우도 보았다. 그런 낙관은 그를 어찌 해볼 수 없는 지경으로 데려가고 말 것이다.

어떤 사람은 이렇게 말한다. "나는 몸이 아주 건강합니다. 몸이 안 좋을 때 다시 생각해도 늦지 않아요!"

그럴싸해 보이는 이런 말들의 이면에는 죽음에 대한 두려움과 무지가 숨어 있다. 죽음은 기본적으로 시간 맞춰서 초대받은 대로 우리의 테이블로 오는 손님이 아니다. 세상의 어려움은 예측할 수 없고, 사람은 아침저녁으로 화복이 갈린다. 우리는 죽음의 신이 나를 찾아올 시간을 예측할 수 없다. 하지만 미리 그를 대접할 다과를 준비하는 것은 가능하다.

작은 이야기를 하나 하겠다.

한 노인이 암에 걸렸다. 의사가 그에게 그 소식을 전하자 그는 담담하게 웃는 얼굴로 말했다.

"암에 걸리게 해주신 하느님께 감사드립니다."

깜짝 놀란 의사가 말했다.

"암에 걸렸으면 하늘을 원망하고 사람들을 걱정시키면서 어쩔 줄 몰라 하는 사람이 대부분인데, 어떻게 감사하다는 말씀을 하실 수가 있지요?"

노인이 대답했다.

"이 나이가 되면 죽음이 친한 이웃과 같아서 언제든 문을 두드릴 수 있습니다. 만약 내가 뇌일혈이나 심근경색에 걸려서 죽는다면 한 마디도 못하고 죽을 텐데 그러면 가족들이 얼마나 괴롭겠어요? 그리고 내가 처리해야 할 일도 매듭을 짓지 못하겠지요. 그런데 지금은 암에 걸렸다는 것을 알게 됐으니 가족들과도 작별하고 처리해야 할 일들도 깔끔하게 마무리할 시간이 충분합니다. 죽음은 반드시 맞아야 하는 것인데, 이런 경우보다 더 안심되는 경우가 어디 있겠어요? 그러니 하느님이 나에게 준 최고의 선물이지요."

이 어르신, 정말 존경스럽다. 내가 이분을 존경하는 이유는 모든 사람이 이렇게 다가오는 죽음을 당당히 맞을 용기와 복이 없기 때문이다. 다시 생각해보자. 일은 사람이 만드는 것이다. 우리는 어떤 상황을 만들어서 죽음을 받아들일 수 있고, 후회를 줄일 수 있으며, 생명을 더 편안하게 수중에 장악할 수가 있다. 이것이야말로 죽음을 맞을 마음의 준비를 미리 잘 해두는 것이다.

죽음을 생각하는 것은 준비를 잘 해두면 근심이 없기 때문이고, 더 나아가 계획성 있게 살기 위해서이다. 인생을 제대로 산 사람이라야 편안하고 담담하게 영원한 죽음을 향해 걸어갈 수 있다.

죽음은 언제 우리를 찾아올지 모른다

다시 놀이로 돌아가겠다. 자신이 비행기에 타고 있다고 상상해보라. 비행기는 평온하게 일만 미터 상공을 날고 있다. 갑자기 비행기 동체가 각혈하면서 몸을 떠는 폐병환자처럼 흔들리기 시작한다. 스튜어디스가 승객들에게 안전벨트를 매라고 다급하게 외친다. 방송으로 기장의 목소리가 흘러나온다. 그는 비행기에 심각한 기계 고장이 발생했으며 문제를 해결하고 있다고 말한다. 하지만 위급상황을 대비해서 지금 스튜어디스가 종이와 펜을 나누어줄 테니 가족에게 남길 마지막 유언이 있으면 종이에 적으라고 권한다. 상황이 다급하므로 스튜어디스가 3분 후에 종이를 걷을 것이니 유언을 빨리 쓰라고 통지한다. 그 다음에 그 종이들을 다 모아서 밀봉된 특수상자에 넣어 보관할 것이라고 말한다. 그러면 비행기가 추락하더라도 유언은 온전히 보존될 것이라는 말도 덧붙인다. 현재 비행기의 비행 속도라면 완전히 동력을 잃은 상황에서 아주 짧은 시간 동안만 비행할 수 있다는 말도 빠트리지 않는다.

카트를 밀고 오는 스튜어디스의 얼굴에는 직업적인 미소는 이미 어디론가 사라졌고 딱딱하게 굳어 있다. 카트에 가득 놓인 것은 음료도 아니고 기념품도 아니다. 그 위에는 오직 종이와 펜만 놓여 있다. 사람들은 소리 없이 그 특별한 물건들을 가져간다. 흐느끼는 소리가 낮게 울려 퍼진다.

종이 반쪽과 볼펜을 받았다. 이제 이 종이 위에 무엇을 써야 할 것인가?

이것이 우리의 놀이이다. 갑작스러운 위기와 맞닥뜨려서 느닷없이 죽을 상황에 처하면 평생을 압축해서 수십 분짜리로 만들어진 화면이 머릿속에서 빠르게 상영될 지도 모른다. 가족들이 주마등처럼 머릿속을 스쳐 지나갈 때 이 세상에 대고 어떤 말을 할 것인가?

먼저 다음과 같은 사례를 살펴보자.

1985년 일본 항공기가 사고가 나서 추락했고 비행기에 탑승한 승객들은 모두 조난을 당했다. 비행기에 타고 있던 쉰두 살 먹은 가와구치 히로시河口博次는 바삐 자기 유언을 작성했다.

〈다시는 비행기를 타지 않겠다! 신이시여! 나를 구해주세요! 어제 가족들과 함께한 식사가 마지막 만찬이 될 줄은 꿈에도 몰랐다. 비행기 안에는 폭발 후에 나는 짙은 연기가 피어오르고 비행기는 추락하기 시작했다. 어디로 가는 것일까? 어떻게 되는 것일까? 여보, 이런 일이 생기다니 맙소사. 잘 있어요. 아이들을 잘 부탁하오. 지금은 6시 반. 비행기가 빠른 속도로 떨어지고 있소. 지금까지 정말 행복한 인생이었소! 진심으로 감사하오!〉

수많은 어머니들은 아이에게 유언을 남기면서 자신들이 예전에 아이와 함께한 시간이 너무나 부족함을 깨달았다. 팽이처럼 바쁘게 돌던 여행자들은 자신들이 너무 급하게 길을 재촉하느라 정작 아름다운 풍경을 제대로 감상하지 못했음을 깨달았다. 수많은 이들이 이 세상을 마주하고 이렇게 말했다.

"나는 당신들을 사랑해요."

그러나 그들의 외침을 누가 들을지는 아무도 알 수 없었다. 많은 사람들은 최후의 순간에도 침착함을 유지하기를 바랐다. 손발이 계속 부들부들 떨려서 글자조차 제대로 쓰지 못하면서도……. 수년간 끊임없이 바람을 피우던 한 남자는 이렇게 말했다.

"이런 순간에 정작 중요한 것은 말하는 것 자체가 아니라 누구에게 말을 남기는가입니다."

이 놀이, 무척 잔혹하다. 하지만 잔혹함은 때때로 비옥한 토지처럼 혼을 빼앗을 듯 아름다운 꽃을 피워낸다. 나는 믿는다. 이런 순간에 자기 자식에게 복수를 해달라고 부탁할 사람은 거의 없을 것이다. 괴로움을 남길 사람도 없을 것이고, 이를 바득바득 갈며 저주를 남길 사람도 없을 것이다. 그들이 남긴 것은 애틋한 정과 미완의 부탁 그리고 한없는 축복일 것이다.

이런 궁지에 몰아넣은 나를 부디 용서해주기 바란다. 궁지에 몰렸을 때에만 가장 기본적이고 소박한 빛이 온갖 물질의 장애를 뚫고 단순하면서도 눈부신 빛으로 거듭날 수 있는 것인지도 모른다. 나의 부모님과 이번 생에서 내가 겪은 모든 것들에게 감사한다. 가족들, 친구들, 당신들을 사랑한다…….

죽음의 순간, 어떤 말을 남길 것인가

바렌츠 해 깊숙이 침몰한 러시아 핵잠수함의 수병도 비슷한 유언을 남겼다. 죽음 앞에서는 지난날의 모든 사소한 은원들은 멀리 흩어져 사라지고 만다. 느닷없이 닥친 죽음은 거대한 수정액처럼 처음에는 중요하게 생각했던 글자들을 회백색으로 덮어버린다.

당신이 어떤 유언을 남길지, 그 소중한 유언을 누구에게 남길지 잘 모른다. 그러나 이것만큼은 안다. 그것은 당신 마음속 가장 깊은 모퉁이를 건드리고 그곳에서 파동을 일으킬 것이다.

몸 풀기 놀이는 여기까지 하기로 하자. 이제 본론으로 들어가자. 이제 묘비명을 써보기로 하자. 이것은 고인을 기리는 글이다. 단도직입적으로 말하면 관 뚜껑을 덮을 때 쓰는 글이다.

묘비명을 쓸 때는 두 가지 방법이 있다. 하나는 다른 사람이 쓰는 것이고, 또 하나는 내가 쓰는 것이다.

내가 아직 살아 있을 때는 근두운을 탄 손오공처럼 더 넓디넓은 시공간의 스케일을 가지고 종합적으로 나의 인생을 평가해야 한다. 나는 어떤 사람인가? 어떤 기호를 가지고 있는가? 내가 겪은 일 중 가장 감동적이고 잊을 수 없는 일은 무엇인가? 그 일은 나에게 어떤 자부심과 성취를 주었는가? 나의 정서적 생활은 아름다웠는가? 아직도 이 세상에 털어놓을 게 있는가? 사람들에게 남길 회한이나 유감이 있는가? 나는 누구를 사랑하고 누구를 미워하는가? 아직 이루지 못한 꿈이 있는가? 부르고 싶은 노래는? 더 보고 싶은 풍경은? 쓸 내용이 너무나도 많다.

중국에 이런 옛말이 있다.

'인지장사, 기언야선人之將死, 其言也善.'

사람이 죽을 때가 되면 하는 말이 진실해지고 착해진다는 말이다. 본성이 회복되면서 인성이 밝아진다는 이야기이다. 의사 일을 하던 초기에는 이 말을 반신반의했다. 나는 속으로 이렇게 생각했다. '사람은 모두 죽는다. 몸속 각 기관이 쇠하고 뇌가 정상적으로 활동하지 않는데 어떻게 더 지혜로운 말을 할 수 있을까?'

그러나 내가 직접 두 눈으로 임종을 보게 되었을 때 옛사람의 지혜에 고개를 숙이지 않을 수 없었다. 그것은 정말 신비로운 순간이었다. 포악하던 사람이 온순하게 변하고, 소인배 같은 이가 대인배가 되며, 자린고비 같던 사람이 넉넉하게 베푸는 사람이 되었다. 그러한 자애롭고 부드러운 분위기는 마치 기괴한 향처럼 죽음에 임박한 사람의 주위를 맴돌았다. 그 모습이 담요처럼 심신을 감싸서 죽음의 공포와 차가움을 잊게 하고, 죽은 자의 광배光背를 덮어주었다. 너무나 놀란 나머지 내 마음속에서는 깊은 감탄이 솟구쳤다. 인간은 왜 죽음에 이르러서야 그토록 애틋하고 아름다운 빛을 내는 것일까? 어째서 조금 더 먼저 그런 진실한 생활을 시작하지 못하는 것일까?

그러나 죽는 사람마다 이런 복을 누림으로써 인생이라는 글에 원만한 마침표를 찍는 것은 결코 아니다. 나는 수많은 이들이 여전히 당혹감과 고독, 분노 속에서 죽어가는 모습을 목도했다. 또 가끔

나는 이렇게 생각한다. '전자의 사람이 그렇게 빛으로 가득한 생활을 하는 것은 기껏해야 며칠 몇 시간에 불과하며 그때에 이르러서야 소중하고 가치 있던 것들을 되새김질할 뿐이다. 후자의 사람은 그야말로 철두철미하게 비극적인 삶을 살아간다.'

내가 어떻게 살았는지 묘비명은 말해준다

묘비명은 죽음이라는 책의 표지이다. 먼저 유머러스한 묘비명을 몇 편 살펴보겠다.

영국 더비 시에 있는 한 묘지공원에는 이런 명문이 있다.

'여기 누워 있는 것은 시계 장인 토머스의 몸뚱이다. 그는 조물주의 품안으로 돌아가서 말끔하게 고쳐진 다음에 태엽을 잘 감아둔 인형처럼 다른 세계에서 돌아다니고 있으리라.'

한 교회 집사는 아내를 위해서 이러한 비문을 남겼다.

'사라 휴이트, 1803~1840, 세상 사람들은 교훈을 얻을지어다. 그녀는 쉴 새 없는 수다와 지나친 걱정으로 죽었노라.'

한 부부는 태어난 지 3주 만에 죽은 아기를 위해서 이렇게 썼다.

'묘비 아래에 우리 아기가 묻혀 있다. 울지도 못하고 난리를 피우지도 못하고 21일 동안 살면서 40파운드를 썼다. 이 세상에 와서 사방을 둘러보고는 별로 만족스럽지 않았는지 다시 돌아가 버렸다.'

대문호 버나드 쇼의 묘비명에는 이런 문구가 있다.

'우물쭈물하다가 내 이럴 줄 알았지.'

대작가 헤밍웨이의 묘비명은 이렇다.

'내가 일어나지 못함을 용서하라!'

죽은 사람이 생전에 스스로를 위해 써둔 것도 재미있다. 영국 요크 지방의 한 치과의사는 묘비명에 이렇게 적었다.

'한평생 남의 이를 때워 넣었는데, 이제는 이 무덤 구멍마저 내 몸으로 때우는구나.'

유명한 과학자 알프레드 노벨은 생전에 짧지만 잘 짜인 자서전을 다음과 같이 남겼다.

'알프레드 노벨이 고고성을 울리며 태어났을 때 그 어린 생명이 하마터면 인자한 의사의 손에서 끊길 뻔했다. 잘한 일은 손톱을 깨끗하게 유지한 것과 다른 사람에게 누를 끼치지 않은 것이고, 잘못한 일은 평생 결혼하지 않은 것, 성질이 좋지 않았던 것, 소화가 불량했던 것이다. 유일한 희망은 다른 사람에게 산 채로 묻히지 않는 것이고, 가장 큰 죄악은 신을 공경하지 않은 것이며 중요한 사적事跡은 없다.'

저명한 중국 현대 작가 라오서老舍는 1949년 마흔세 살에 소박하고 겸손하며, 완곡하고 미묘한 운치가 있으며 감탄을 금치 못하게 하는 자서전 한 편을 썼다. 이 자서전은 한자로 200여 자밖에 안 되는데, 전문全文을 해석하면 다음과 같다.

'수서위舒舍予는 자字가 라오서老舍이고 지금 40세인데 얼굴이 누렇고 머리카락이 없으며 북평(北平, 베이징)에서 태어났다. 3세에 아버지를 여의었으니 아버지가 없다고 할 만하다. 학문에 뜻을 두었을 때는 제왕이 존재하지 않았으니 군주가 없었다고 이를 만하다. 특히 부모에게 효도하였으며 부르주아의 인자함을 깨끗이 없애지 못하였다. 어려서 책 300편을 읽었으나 깊은 이해를 구하지는 않았다. 이어서 교사 공부를 함으로써 교직의 기초를 닦았다. 어른이 되어서는 먹고살기 위해 이곳저곳을 전전하다가 교직을 업으로 삼았으므로 돈을 벌기가 어려웠다. 매번 복권을 샀으나 꼴등 상품을 탄 것을 명예로 여겼고, 또한 비천한 처지를 달게 받아들였다. 27세가 되었을 때 발분하여 책을 썼다. 과학, 철학은 아는 바가 없었기에 소설을 써서 여러 사람을 한 차례 웃게 했을 뿐 대단할 것은 없었다. 34세에 결혼하여 지금은 1남 1녀가 있는데, 기쁘게도 둘이 모두 영리하다. 한가할 때는 꽃을 키웠으나 그 비결을 얻지는 못해서 잎만 무성하고 꽃이 피지 않으면 참지 못하고 내다버렸다. 책은 읽지 않은 것이 없으나 전혀 얻은 바가 없는데도 조급해하지 않았다. 가르치기와 일하기를 모두 열심히 하였는데 때때로 손해를 입기도 했지만 후회하지는 않았다. 이럴 따름이니 다시 40년을 더 산다 한들 얼마나 출세하겠는가!'

엄격하게 말하면 상술한 마지막 두 편의 자서전은 묘비명이라기보다는 인생에 대한 소결론 같은 느낌이다.

16세기 독일의 수학자 루돌프는 필생의 정력을 사용하여 원주율 소수점 아래 35자리까지 계산해냈는데, 이는 당시 세계에서 가장 정확한 원주율 수치였다. 그의 묘비명에는 다음과 같은 내용이 새겨져 있다.

'π=3.14159265358979323846264338327950288'

'37, 22, 35'는 미국의 영화스타 마릴린 먼로의 묘비명이다. 그녀의 간단한 묘비명은 영화팬들에게는 수수께끼였다. 결국 이 수수께끼는 몬로 연구회에서 밝혀냈다. 이 세 개의 숫자는 먼로의 가슴, 허리와 엉덩이의 둘레 사이즈로서, 먼로가 생전에 아름다움을 사랑하는 마음을 표현한 것이었다.

고대 그리스의 유명한 수학자 아르키메데스의 묘비명에는 원기둥 안에 내접한 구의 도형이 새겨져 있다. 이는 구의 부피와 표면이 그 외접한 원기둥의 부피와 표면의 3분의 2에 해당한다는 유명한 기하학 원리를 발견한 사실을 기념하기 위한 것이다. 독일의 수학자 가우스는 그것을 토대로 정17각형의 작도법을 발견했다. 그의 묘비명에는 정17각형이 새겨져 있다(실제로는 정17각형이 아니라 17개의 점으로 된 별이 새겨져 있다. 가우스가 나의 묘비명에 정17각형을 새겨달라고 요청한 것은 사실이지만, 이 요청은 사람들이 원과 혼동할 것을 우려하여 받아들여지지 않고 17개의 점으로 된 별을 대신 새겼다-옮긴이). 프랑스의 생물학자 파스퇴르의 묘비명에는 수많은 닭과 양, 개가 새겨져 있다. 물리학자 볼츠만은 생전에 열역학의 기본법칙을 정립하고 열에 대한 현상을 통계적 관점에서 이해하는 데 성공한 사람인데, 그의 묘비명에는 그가 발견한 공식만 달랑 새겨져 있다.

프랑스 작가 스탕달의 묘비명은 전혀 군더더기가 없다.

'밀라노 사람 앙리 베일, 이곳에 고이 잠들다. 그는 살고, 쓰고, 사

랑했다.'

고대 그리스의 수학자 디오판토스의 묘비명은 이렇게 적혀 있다.

'나그네여, 이곳에는 디오판토스의 뼛가루가 묻혀 있다. 아래의 숫자는 당신의 인생이 얼마나 긴지 가르쳐줄 것이다. 그의 인생의 6분의 1은 유쾌한 소년 시절이었다. 그의 인생의 12분의 1 동안은 볼에 자잘한 수염이 자란 청년 시대였다. 인생의 7분의 1을 혼자 살다가 결혼하여 5년 후에 첫 아이를 낳고 행복을 느꼈다. 그러나 운명이 이 아이에게 세상에서 보낼 수 있도록 준 찬란한 삶의 시간은 그 아버지의 절반에 불과했다. 아들이 죽고 그는 깊은 슬픔 속에서 4년을 보낸 뒤 세상에서의 삶을 마감했다.'

묘비명에 관한 작은 이야기가 하나 더 있다. 디킨스가 임종하기 전에 영국 사람들은 그의 공적을 묘비에 새기자고 요구했지만 그는 이렇게 말했다.

"나는 내 묘비에는 찰스 디킨스라고만 쓰면 족하다. 이 밖에 그 어떤 내용도 쓰지 마라."

미국의 과학자 벤저민 프랭클린의 묘비에 새겨진 문구는 '인쇄공 프랭클린'이다. 그는 죽을 때까지 자기가 청소년 시절에 인쇄공을 했던 사실을 잊지 않고 늘 자랑스럽게 여겼기 때문이다.

19세기 러시아의 대시인 푸슈킨의 묘비명은 그가 열여섯 살 되던 해에 스스로 썼던 「나의 묘비명」이라는 제목의 시이다.

'이곳에 안장된 푸슈킨과 그의 젊은 뮤즈, 사랑하고 게으름을 부리며 함께 유쾌한 인생을 보냈노라. 그는 어떤 좋은 일도 한 적이

없으나 실제로는 마음씨 좋은 사람이었느니.'

러시아의 작가 게르첸의 묘비명은 무척 독특하다. 불우한 운명과 비범한 성취로 정리되는 이 인물은 사람들에게 인생에 맞서 싸우라고 호소했다.

'그의 어머니 루이자와 그의 어린 아들 코레아는 배를 타고 가다가 조난을 당하여 바다에서 죽었다. 그의 아내 나탈리아는 결핵으로 세상을 떠났다. 그의 열일곱 살 딸 리자는 자살했고, 세 살짜리 그의 쌍둥이 아들들은 디프테리아로 세상을 등졌다. 정작 그 자신은 쉰여덟 살까지 살았다! 그러나 그토록 큰 고난도 한 사람을 헛되이 망가뜨리지는 못했다. 그는 30권의 문집을 남겼고 지금까지도 뜨겁게 불타오르는 수많은 문장을 남겼다. 그 문장들은 오늘날까지도 사람들에게 앞으로 나아가라고 격려하고 있다.'

송나라 문제文帝 원가元嘉 4년 정묘년 9월(서기 427년) 도연명陶淵明은 죽기 전 나의 최후의 작품 「자제문(自祭文, 스스로 지은 제문)」에 이렇게 썼다.

'날은 차고 밤은 길며 바람은 쓸쓸히 부는데, 기러기는 남쪽으로 날아가고 초목은 누렇게 시들어 떨어지누나. 나 도연명은 이제 잠시 머물던 인생이라는 여관과 작별하고 영원히 본래의 집으로 돌아가노라. ……운명이라는 것을 잘 안다 해도 누군들 뒤돌아보지 않으리오. 나는 이제 이렇게 죽어도 여한이 없네. ……살아생전 명예를 귀하게 여기지 않았으니 누가 죽은 뒤의 칭송을 중히 여길까. 인생살이 참으로 고달팠는데, 죽은 뒤에는 또 어떠할까. 아아, 슬프

도다!'

이때 도연명의 나이가 예순셋이니 가을바람이 서늘하게 부는 가운데 곧 죽음을 맞이할 때였다. 그는 인생을 잠시 머무르는 여관으로 보고 고향 집으로 돌아가겠다고 말하고 있다. 그의 글을 읽으면 인생에 달관하여 편해 보인다. 그는 삶을 되돌아보고, 아무런 후회 없이 떠난다고 결론을 짓고 있다. 다시금 그는 자신이 생전의 명예를 중하게 여기지 않는다고 밝힌다. 그러니 죽은 뒤의 칭송에야 더더욱 신경 쓸 리가 없다. 이 노인은 마지막으로 최후의 탄식을 토해낸다. 이미 한평생 그토록 힘들게 살아왔는데, 죽으면 또 어떻게 될 것인지 질문을 던지는 것이다. 어느 정도는 '살 때도 두려워하는 게 없었는데, 죽는 걸 두려워하겠는가?' 하는 말처럼 처량함을 띤 호기가 느껴진다.

어떤 사람은 이렇게 말할지도 모르겠다. "멀리 떨어진 사례만 이야기하는군요. 최근의 사례를 들어보면 어떻습니까? 아직 살아 있는 사람이면 더 좋고요. 가능할까요?"

베이징 사범대학의 전임 교장 천위안陳垣의 제자로 베이징대 교수이자 유명한 서예가인 치궁啓功 선생이 예순여섯 살이 되던 1978년 초에 스스로 자서전 식의 묘비명을 썼다. 내용은 다음과 같다.

'중학생에서 부교수가 되었다. 넓게는 알아도 깊이는 모르고 몰두하면서도 꿰지는 못했다. 이름은 날렸지만 실제는 부족하다. 위아래로 이룬 것이 없다. 왼쪽 오른쪽 갈피를 잡지 못했다. 얼굴은 조금 둥글지만 거죽이 두껍지 못했다. 아내는 이미 죽었고 아이도 없다. 잃은 것은 더욱 새로운데, 병은 변함이 없다. 예순여섯, 살 만큼 살았다. 이제 바바오산(八寶山, 중국 혁명 열사들이 묻힌 묘역, 우리 현충원과 유사하다-옮긴이)이 가깝네. 평생을 돌아보니 시호는 누陋이면 되겠네. 몸과 이름이 한결같이 구렸으니!'

이 묘지명에는 생애도 담겼고 평가도 있는 데다 문체가 익살맞아서 치궁 선생의 명랑하고 활달하며 낙관적인 성격을 보여준다.

데이비드 오길비는 뛰어난 창의력을 가진 비즈니스계의 거장이다. 세계 10대 광고회사 중 하나인 오길비 앤 매더의 창업자이기도 한 그는 가난뱅이였고 가방끈도 짧았지만 다른 사람을 능가하는 재능과 천부적 자질, 창의력을 가지고 있었다. 그는 광고인의 가장 완벽한 모델이었다. 롤스로이스 자동차에서 메릴린치 증권, IBM, 영국과 프랑스, 미국 정부까지 모두 그의 고객 명단에 올라 있다.

오길비는 어린 시절을 보낸 잉글랜드에서 가난의 고통을 겪었고, 청년 시절에는 파리에서 요리사로 일했다. 스코틀랜드에서는 수녀에게 난로를 팔았다. 그러던 그가 광고계의 정상에 올랐다. 오길비는 시인 존 키츠와 마찬가지로 이렇게 말한다.

'나에게 책과 과일, 와인 그리고 좋은 날씨만 주세요. 그러면 그곳이 곧 천국입니다.'

그럼 이제 평범한 사람들의 예를 들어보겠다. 러시아에 페트로프라는 젊은 중국학자가 있다. 그는 루쉰, 취추바이瞿秋白, 바진巴金, 라오서, 위다푸郁達夫 등을 연구했는데 줄곧 강사였고, 부교수조차도 되지 못했다. 그가 죽고 난 뒤 자기 묘비에 남긴 것은 큼직한 한자

한 글자였다.

'夢꿈.'

이토록 많은 묘비명을 나열했으니 당신이 가진 지식 자랑은 그만두라고 눈을 흘기는 사람도 있을 것이다. 내가 이렇게 잔뜩 묘비명 글을 쓴 것은 첫째, 내가 정말 이 묘비명들을 좋아하기 때문이고, 둘째, 이 놀이가 비교적 큰 도전을 요하는 것이므로 사례를 여러 개 나열하여 도움을 주려는 의도였다.

우리와 각 분야의 위인들과는 분명 큰 차이가 있다. 그러나 위인들이 우리를 따라올 수 없는 것이 한 가지 있다. 그들은 이 놀이를 해보지 못했다는 것이다. 이미 구천으로 내려간 그들은 자신의 삶을 보충하거나 고칠 수가 없다. 하지만 나와 당신은 살아 있다. 그들은 소금 알갱이처럼 조용하게 역사라는 물속에 용해되었지만 우리는 아직 펄떡펄떡 살아 숨 쉬는 물고기이다. 우리에게는 모든 것을 고칠 시간과 기회가 있다. 당신과 나는 묘비명을 고칠 수 있다.

인생을 다시 쓸 시간은 충분하다

묘비명을 쓴다는 것은, 어떤 의미에서 말하면 일생을 총괄하는 것이다. 아무리 유명한 사람이라고 해도 다른 사람의 묘비명을 가져와서 나의 묘비명에 적을 수는 없다. 그것은 다른 사람의 인생이지 나의 인생이 아니다. 내가 세우지 않은 공적을 나의 이름 밑에 새길 수는 없다. 그것도 나의 것이 아니다. 나는 도대체 어떤 사람

인가. 묘비명은 사실대로 적어야 한다.

이 놀이는 나에게 아직 묘비명을 다시 쓸 만한 충분한 시간이 남아 있다는 것을 알려준다. 내가 평범한 나에게 만족하지 못한다면 아직 영웅이 될 수 있는 시간이 있다. 나의 천박함이 불만족스럽다면 더 웅숭깊은 사람이 될 수 있는 시간이 있다. 나의 직업이 만족스럽지 않으면 다른 직업을 선택할 수 있다. 내 성격이 마음에 들지 않으면 이미지를 다시 만들면 된다.

이 놀이에는 두 가지 버전이 있다. 한 가지는 위에서 말한 대로 내 현재 상황에서 나 스스로를 위해 묘비명을 작성하는 것이다. 죽기 전에 앞당겨서 쓰는 것이다. 내가 대면하게 되는 것은 나의 전반생이다. 이 버전을 완성하고 나서 미래의 묘비명도 작성할 수 있다. 그것은 내가 나를 위해 만드는 선물이다. 그것은 나의 먼 미래에 대한 기대와 바람을 담고 있다.

그게 아니면 서류함을 하나 찾아서 그곳에 비행기 추락사고 시의 유언이 담긴 종이를 넣고 지금 스스로 쓰는 묘비명도 넣고 미래의 자신을 위해 쓴 묘비명도 같은 곳에 보관하라. 그리고 몇 년이 지난 후에 꺼내서 다시 읽어보라. 이 놀이는 할 때마다 결과가 달라진다. 이것은 놀이가 정확하지 않다거나 사이비 과학이어서가 아니라, 그저 내가 변화하는 삶의 과정 속에 있기 때문이다.

이 변화는 간단하게 좋다, 나쁘다고 평가할 수가 없다. 부침도 있고 성장도 있을 것이며, 과거와는 몰라보게 달라질 수도 있을 것이다. 내가 마음을 가지고 있으면 이곳에서 내 운명의 바다에서 헤엄치는 동작을 볼 수 있을 것이다. 눈부시게 웃거나 묵묵히 깊은 생각에 빠진 모습을 볼 수도 있다. 누렇게 바래어가는 종이에서 내가 변함없이 추구하는 것과 변화하는 세월을 느끼게 될 것이다.

삶은 죽음으로 향하는 일방도로이다. 죽음으로 여행하는 과정을 볼 수 있다면 임종 전에 나의 인생이 어떤 의미에서 의미 있었노라고 충분히 평가하고 많은 이들이 평온하게 죽음을 맞을 수 있을 것이다.

인생은 길고 젊음은 짧다. 죽음을 향한 모든 수행의 목적은 더 잘살기 위해서이다.

일곱 번째 놀이

나의 생명줄을 작성하라

이미 지나간 과거는 바꿀 수 없다.
우리가 바꿀 수 있는 것은 과거를 바라보는 시각이다.
한 사람의 성숙도는 나의 상처를 어떻게 치유하느냐에 달려 있다.
과거가 아무리 중요하다고 해도
나의 지금 이 순간만큼 중요할 수는 없다.
이 순간을 잘사는 것이야말로 행복을 얻는 가장 확실한 비결이다.

인생의 노선도를 그려라

이제 이 책의 마지막 놀이 '나의 생명줄'을 작성해보자. 이렇게 묻는 사람도 있을 것이다. "생명줄이 어떤 물건입니까? 줄넘기 할 때 쓰는 줄넘기 줄이나 광대가 줄타기 할 때 밟는 밧줄과 무엇이 다르지요?" 생명줄은 우리 모두 가진 것인데, 한 사람당 하나씩 가지고 있으며 더 많게도 더 적게도 가지고 있지 않다. 인간이 가진 목숨의 개수와 생명줄의 개수는 동일하다. 생명줄은 모든 사람의 생명이 걸어가야 하는 길이다.

이 놀이는 인생의 노선도를 그리는 일이다.

지도는 무척 중요하다. 군사 놀이나 여행을 좋아하는 사람이라면 분명히 실감할 것이다. 우연히 홈인테리어와 관련한 책을 뒤적인 적이 있다. 최고의 주방은 실용적인 수납공간과 적당한 손잡이, 찬장에 쓰인 재료가 매끄럽고 환경보호에 도움이 되는가도 중요하지만 무엇보다 주부가 주방에서 다니는 동선에 맞춰 설계가 되어 있어야 최고의 주방이라고 할 수 있다고 적혀 있었다. 솥이나 그릇 등을 수납하는 찬장도 주부의 동선과 밀접한 연관이 있다는 사실을 알고는 감탄할 수밖에 없었다. 그렇다면 하물며 우리의 인생은 어떻겠는가!

우선 백지 한 장을 준비하라.

이렇게 말할 수도 있다. "벌써 백지 여섯 장을 썼는데 왜 놀이를 할 때마다 백지를 쓰는 것입니까?" 좋은 질문이다. 우리가 지금까지 해온 놀이는 속마음을 알기 위한 것이었다. 친구들과 했다면 함께 토론해볼 만한 것들이 많았을 것이다. 하지만 우리는 이 놀이를 혼자 하기로 선택했다. 조용하고 깊은 밤에 홀로 깊은 내면을 마주할 때 백지는 나의 좋은 반려이다.

마음은 원래 백지와 같은데, 형형색색의 사람들이 위에 덧칠을 해서 온갖 흔적을 남긴다. 그러면 하얀 종이가 지저분하게 얼룩덜룩해지고 만다. 어지러운 덧칠을 깨끗이 닦아내면 마음은 깔끔한 원상태로 돌아갈 것이다. 부드러운 바람이 불어와서 보듬으면 남기고 싶지 않은 기억은 점점 흐릿해지고 멀어질 것이고 남은 기억은 분명하고 명쾌해질 것이다. 우리는 그 기억들이 어디에서 와서 어디로 가는지 알고 있다. 그 기억들을 진정으로 아끼고 그것들이 삶의 바탕임을 인정해야 한다.

또 파란색과 빨간색 연필도 각각 하나씩 준비하라. 색 사인펜도 괜찮다. 하나는 밝은 계통의 색으로, 다른 하나는 어두운 계통의 색으로 준비하라. 색깔로 마음 상태를 구분하기 위해서이다.

먼저 백지를 가로 방향으로 앞에 잘 놓으라.

반드시 종이를 세로로 놓아야겠다면 그렇게 하라. 하지만 직접 놀이를 할 때 불편하더라도 내가 그런 말을 해주지 않았다고 탓하지는 말기 바란다.

종이 가운데 부분에 왼쪽부터 오른쪽으로 긴 선을 하나 그려보아라. 길어도 좋고 짧아도 상관없다. 내 개인적인 취향에는 긴 것이 짧은 것보다 좋았다. 기호에 따라 결정하면 된다. 그 단계를 마무리

하면 종이 위에는 이런 모습이 펼쳐질 것이다.

그 다음에 선 끝에 화살표를 하나 그려 넣어서 방향을 가진 선으로 바꾸어보라.

그러고 나서는 선 왼쪽에 숫자 '0'을 쓰고 오른쪽 화살표 옆에는 자신이 예상하는 나의 수명을 적으라. 68을 써도 좋고 100을 적어도 무방하다.

0 ➤ 100

지금 이 선 위쪽에 당신의 이름을 적고 그 옆에 '생명줄'이라는 세 글자를 써보라. 그러면 놀이를 하기 위한 기본적인 준비가 끝난 셈이다.

○○○의 생명줄

0 ➤ 100

하얀 백지 위에 '○○○의 생명줄'이라고 적는다. 그 아래 한 방향으로 가는 선이 있는데, 이는 당신의 생명의 길이를 상징한다. 시작점이 있고 종점이 있는데, 우리가 구체적으로 그 시한을 규정해야만 한다.

이 선을 조금씩 더듬어보라. 바로 내가 지금까지 걸어온 발걸음이 찍힌 청사진이다. 내가 어디로 가든 그 좌표를 벗어나지는 못한다. 어떤 사람은 이렇게 말할지도 모른다. "나는 스스로의 인생을 계획하는 일을 좋아하지 않습니다."

몇 가지 다른 관점을 가지고 작은 이야기를 하나 할 것이다.

외국의 한 저명한 대학의 석사 졸업식에서 있었던 일이다. 학교 측에서는 졸업생들에게 자기 인생의 목표를 적게 했다. 그중에 3퍼센트의 사람만이 명확한 목표를 가지고 있었고 나머지 사람들은 애매모호하거나 아예 인생 계획이라고 할 만한 것이 없었다. 어느 정도 시간이 흐르고 난 뒤 학교에서는 학생들의 발전 상황을 한 차례 조사했는데, 목표를 가진 사람이 거둔 성취가 목표가 없는 사람에 비해 더 눈부시다는 사실을 발견했다. 이 대학의 이름은 하버드이다.

반대의 경우도 있다. 유명한 부동산업자가 일본에 갔다가 일본인이 매일 스케줄을 일목요연하게 짜서 1분도 오차 없이 몇 개월, 심지어는 반년, 1년까지 실행하는 것을 보았다. 그는 자기 스케줄을 그렇게 짜서 실천해보았다. 그는 얼마간 시간이 흐른 후 스케줄을 짜지 않은 일주일은 느리게 가지만 스케줄을 짠 일주일은 무척 빨리 간다는 사실을 깨달았다. 한 주에 해야 할 일이 무엇인지를 알기 때문에 생명을 단축시켰던 것이다. 물론 생명이 단축되는 기분을 느꼈다는 것이지 실제 단축된 것은 아니다. 더욱 사람을 불편하게 만든 것은, 보고 싶은 사람이 있는데, 스케줄에 들어 있지 않으면 볼 수 없다는 사실이었다. 볼 수 있을 때까지 기다리면 이미 시간이 흐른 뒤라 그 사람이 자신을 보고 싶어 하지 않을 수도 있었다. 이런 스케줄은 삶의 질을 떨어뜨린다.

이처럼 사람에 따라 보는 견해가 다르다. 구체적인 스케줄표를 놓고 말하면 사람마다 계획 짜기에 대한 기호가 다르므로 꼭 일치시키려고 애쓸 필요는 없다. 다만 인생 전체를 두고 봤을 때는 계획이 있는 것이 없는 것보다는 낫다는 것만은 말하겠다. 이는 일의 성취라는 관점뿐 아니라 건강 보호의 관점에서 바라본 것이기도 하다. 뉴욕의 한 뛰어난 의사가 이렇게 말한 바 있다. "뉴욕 시민 1만 5321명을 진찰한 후 나는 병의 주요 원인이 생활 속에서 가치관과 목표한 계획이 없기 때문에 발생했다는 사실을 발견했습니다."

다시 생명줄 이야기로 돌아가자. 내가 정한 생명의 길이에 따라 나의 목표가 있는 곳을 찾아보라. 예컨대 75세까지 살려고 하는데 지금 25세라면 전체 생명줄에서 3분의 1 지점이다. 거기에 표식을 남기라. 그런 다음 표식을 남긴 곳의 왼쪽은 지금껏 지내온 세월을 의미하므로 그중에 내게 중대한 영향을 미친 사건을 펜으로 표시하라. 이를테면 7세에 학교에 입학했으면 생명줄에서 7세에 해당하는 부분을 찾아서 입학한 일을 적어두면 된다.

주의할 것은, 내가 판단하기에 기쁜 일은 밝은 색의 펜으로 기록해야 하고 생명줄의 상단에 적어야 한다는 것이다. 유독 더 기쁜 일은 그 사건을 기록하는 위치가 더 높아져야 한다. 예컨대 10세가 되었을 때 할머니가 돌아가셔서 크게 상심했다면 생명줄의 하단에 어두운 색 펜으로 그 내용을 기록해야 한다. 19세에 대학입학시험에 떨어져서 엄청난 좌절을 겪었다면 생명줄의 상응하는 곳 한참 아래쪽에 기록을 하면 된다. 이렇게 다른 색의 사인펜과 자리의 높낮이로써 오늘 이전의 삶의 이력을 기록할 수 있다.

완성한 후에는 대체로 아래와 같은 모양이 된다.

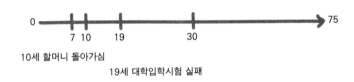

위에 있는 선은 예시일 뿐이니 내가 그린 것보다 더 정교하게 그려낼 것이라고 믿는다.

과거의 시간을 나타내는 부분이 완성되었으면 내게 영향을 준 중대한 사건 중 생명줄 상단에 있는 사건과 하단에 있는 사건 어느 것이 더 많은지 한번 세어보라. 상승과 몰락의 폭이 어떠한지도 살펴보라. 가장 중요한 것은, 그때 내가 그 사건들에 대해 느꼈던 감정이지 세상에서의 평판이 아니다.

예컨대 부모님이 돌아가셨을 때의 슬픔이야 충분히 납득하고 인정할 수 있지만 고양이를 잃고 느낀 감정의 좌절 같은 것은 사람마다 받아들이는 정도가 다르다. 한 아이가 그의 세계 안에서 고양이와 형제 같은 우정을 쌓아서 생활 속에서 무척 중요한 일부분이 되었다면 고양이를 잃는 일은 아이에게 엄청난 슬픔과 고독을 안겨주었을 것이기 때문에 반드시 존중해주어야 한다. 내가 진정으로 느끼는 감정이 가장 중요하다는 사실을 잊지 말기를 바란다.

과거를 완성했으니 이제 미래로 가보자. 평생의 계획으로 무언가 생각해둔 것이 있으면 오래 생각하지 말고 바로 적어보라. 적지 않은 사람들이 이때 우수에 젖는 경우가 많다. 계획이 없어서가 아니라 이 계획을 시간에 고정해둔 사람이 매우 적기 때문이다.

나는 어려서부터 훗날 내가 작가가 되겠다고 말했던 것을 기억한다. 하지만 1년 또 1년 늦추다보니 어느새 30세가 훌쩍 넘었다. 그러던 어느 날 아버지가 나에게 말했다. "나는 네가 일찍부터 작가가 될 줄 알았는데, 벌써 나이를 이렇게 먹어버렸구나. 언제 꿈을 실현할 계획이니?"

아버지의 이 말은 나에게 엄청난 채찍이 되었다. 나는 내가 가진 시간이 한정되어 있다는 사실을 알고 있었다. 내가 이상과 바람을 가지고 있다면 바로 그것을 현실로 만들어야 한다. 끓인 콩물에 결심이라는 간수를 붓고 기다리면 두부가 되듯이 유동하던 액체를 고체로 만들어야 한다.

며칠 후 출근했을 때(그 당시 나는 내과주치의였기 때문에 환자가 없을 때는 책을 읽거나 글을 쓸 수 있었다) 나는 평생 처음으로 소설을 쓰기 시작했다. 시간의 부피는 무척 중요하다. 입으로만 떠드는 몽상가로 머물 것이 아니라 차근차근 밟아가면서 시간과 강철 같은 연대를 맺어야 한다.

생명줄 위에 내가 평생 하고 싶은 일을 모두 적으라. 가능하면 시간까지 분명하게 표시하면 좋다. 그 일들이 나에게 안겨줄 기쁨과 기대감의 정도를 살펴서 생명줄의 상단에 적으라. 그 일이 내가 가장 하고 싶은 일이라면 밝은 색 펜으로 나의 생명줄 위 가장 높은 자리에 쓰라.

물론 미래의 생애에도 좌절과 곤란이 있을 것이다. 부모님이 돌아가신다거나 아이가 집을 떠나거나 예상치 못했던 일들이 생길 수도 있다. 그런 일들은 생명줄 아래에 자리를 잡아서 적으라. 그렇게 해야 생명줄이 온전해질 수 있다.

이 부분을 작성할 때 시간이 많이 소요될 것이다. 그러나 앞으로 내 여생을 인도할 노선도인 만큼 더 정교하고 꼼꼼하게 작성할 필요가 있다. 전부 완성되었으면 이제부터 이 표는 내 인생의 청사진이라고 할 수 있다. 잘 보관해야 한다. 이 표가 앞으로 인생의 나침반이 될 수도 있다.

내 인생의 설계자는 나

그리고 내가 직접 쓴 사건들이 상단과 하단 중 어느 쪽에 더 많은지 살펴보라. 기쁠 때가 많은가, 고통스러울 때가 많은가? 이것은 내 선택이 옳은지 그른지 혹은 내 생활의 질이 좋은지 나쁜지 판단하고자 하는 것이 아니라 나의 느낌이 어떤가를 확인하려는 것이다. 내가 그런 대로 괜찮다고 생각한다면 계속 진행해도 무방하다. 별로 달갑지 않다면 변화를 줄 수도 있다.

세상에 그 어떤 일도 퇴보하기만 하는 경우는 없고 전진하기만 하는 경우도 없다. 대학 입학은 좋은 일이지만 자기가 이상으로 여기던 학교나 학과에 들어가지 못하면 깊은 좌절을 겪는다. 부모의 이혼은 슬픈 일이지만 적절하게 잘 대응하면 분발하는 동력이 될 수도 있다. 가족이 죽는 일은 결코 즐거운 일이 아니지만 더 큰 범주에서 보면 이것은 우주 공간에서도 결코 막을 수 없는 법칙이므로 이 법칙을 받아들이고 따라야지 감정을 억제하고 대항하려는 것은 지혜롭지 못한 처사이다. 인류의 발전사를 살펴보면 수많은 위인들이 가족이 사망한 후 정신을 가다듬고 자신의 분야에서 큰 업적을 이루었다. 부모의 죽음은 그들에게 책임을 자각하게 하는 계기가 되기도 했다.

중국 고대에 새옹지마(塞翁之馬, 인생의 길흉화복은 변화가 많아서 예측하기가 어렵다는 말. 옛날에 새옹이 기르던 말이 오랑캐 땅으로 달아나서 노인이 낙심했는데, 그 후에 달아났던 말이 준마를 한 필 끌고 와서 그 덕분에 훌륭한 말을 얻게 되었으나 아들이 그 준마를 타다가 떨어져서 다리가 부러졌으므로 노인이 다시 낙심하였으나 그로 인하여 아들이 전쟁에 끌려 나가지 아니하고 죽음을 면할 수 있었다는 이야기에서 유래한다. 중국 『회남자』의 「인간훈(人間訓)」에 나오는 말이다-옮긴이)라는 이야기도 있지 않은가? 그 노인이 이 놀이를 했다면 말을 잃어버린 일을 생명줄의 상단에 두었을까, 아니면 하단에 두었을까?

만약 생명줄에 표시한 사건이 대부분 수평선 아래에 위치해 있다면 세계를 보는 시각을 조정해볼 필요가 있다. 미래를 너무 어둡

게 보고 있지 않은가? 그렇다면 자신이 처한 상황에 만족하지 못하고 있는 것이다. 만약 만족하고 있다면 그것은 바로 내 성격이 선택한 생활이다. 다양한 가치관과 생활방식이 함께 존재하는 것은 현대 세계의 특징 중 한 가지이다. 그것들을 바꾸고 싶다면 다른 눈으로 세계를 보아야 한다. 사건들이 수평선 위쪽에 표시되어 있다면 그것도 꼭 축하할 일만은 아니다.

얼마 전에 나는 텔레비전에서 중병에 걸린 한 예술가의 다큐멘터리를 보았다. 그는 중병에 걸렸으면서도 여러 사람들에게 기쁨을 안겨주고 싶은데 때때로 그렇지 못해서 고민하고 있었다. 그 장면을 보면서 나는 가슴이 답답했다. 사람은 왜 늘 즐거워야 하는 것일까? 심지어 다른 사람까지 즐겁게 해주어야 하는 것일까? 사람은 늘 즐거울 수는 없다. 평생 즐겁다는 것은 논리에도 맞지 않고 근본적으로 불가능한 일이다.

나의 한계를 인정하라. 인생은 파란만장하며 기복이 심한 과정임을 받아들여야 한다. 나의 슬픔과 우울함이 정상적인 생활의 일부임을 인정해야 한다. 황련黃蓮이나 감초甘草는 맛은 쓰지만 병을 치료하는 데 좋은 약재이다. 기쁨을 부담이나 의무로 여기지 말기 바란다. 즐거움을 장식으로 보아서는 안 된다. 유쾌함과 불쾌함은 서로 상부상조하는 감정이라고 생각한다. 두 감정을 똑같이 존중해야 한다. 모든 사람은 두 가지 감정의 비율을 선택해야 하며 그것들에 코 꿰어서 끌려 다녀서는 안 된다. 나는 슬픔의 노예가 되기도 싫지만 즐거움의 노예가 되고 싶지도 않다.

과거는 바꿀 수 없으나 시각은 바꿀 수 있다

어느 외국 학자가 치유가 힘든 암에 걸렸다. 그는 계속 병과 싸웠고 생명이 경각에 처하게 되었다. 그는 말했다.

"처음에 암 판정을 받았을 때부터 휠체어에 완전히 의지하게 된 지금까지 나는 끊임없이 내가 잃은 것이 다리만이 아니라 내 일부라는 사실을 자각했습니다. 다른 사람이 나를 대하는 방식과는 무관하게 나 스스로 생각하는 나의 이미지와 생존의 기본조건에 변화가 생겼고 내가 익숙했던 모든 것이 갈수록 멀어져갔습니다…….

이제 나는 더 이상 병을 나에 대한 벌이나 판결이라고 생각하지 않습니다. 투병을 하면서 개인은 소멸되지 않는다는 아이디어를 얻었기 때문입니다. 사유 없이 인생이 어떤 의미를 가질 수 있을까요? 어떤 신성한 언어가 가능하겠어요? 처음에는 생명이라는 것은 파악할 수 있고, 예견도 가능하며 영원히 존재할 수 있는 것이라고 생각했습니다. 이로 인해 나는 내 운명을 통제할 수 있게 되었습니다. 그러나 병은 이 기본적인 불가침의 신성한 감각을 파괴했고 내가 연약한 생명을 지녔고 필연적으로 소멸할 수밖에 없는 존재임을 받아들이게 만들었습니다. 나는 고백하고 싶습니다. 나는 생명이 경각에 처한 환자이지만 이 순간 나의 마음은 기쁘고 평온합니다. 나는 이미 건강을 회복한 기분입니다. 내 마음은 이미 건강해졌습니다. 이것이야말로 내가 평생 추구해왔던 바로 그것입니다……."

이 대목까지 읽는데 눈시울이 뜨거워졌다. 우리는 그의 생명줄을 그려볼 수 있다. 일반적으로 생각하면 암에 걸린 사건은 그의 생명줄 하단에 자리해야 할 것이다. 그것도 아주 밑쪽에 위치해야 할 것이다. 임종이 가깝다면 거침없이 더 어두운 색으로 표시해야 옳다. 그러나 이 학자는 재난 속에서도 열반을 이루어냈다. 그의 생명줄은 이전에 가본 적이 없는 높은 수준까지 올라간 것이다.

생명줄을 다 완성한 후에도 시시각각 주의력을 집중해야 한다. 이렇게 말할지도 모른다. "나는 이전의 일들을 분명하게 생각해본 적이 없습니다. 앞으로의 일도 아직 정리가 되어 있지 않습니다. 그런데 당신은 어떻게 내 생각을 지금 당장 한 곳에 집중하라고 요구합니까?"

이전의 일은 이미 일어났으나 이미 지나간 일이다. 과거는 바꿀 수 없다. 우리가 바꿀 수 있는 것은 과거를 바라보는 시각이다. 한 사람의 성숙도는 나의 상처를 어떻게 치유하느냐에 달려 있다. 과거는 중요하다. 그러나 그것이 아무리 중요하다고 해도 당신의 지금 이 순간만큼 중요할 수는 없다.

지금의 삶, 이 순간을 잘사는 것이야말로 행복을 얻는 가장 확실한 비결이다. 이것은 눈앞에 보이는 대로 즐기는 퇴락이나 단견이 아니라 착실하고 분명하게 파악하는 것이다. 과거는 이미 정해져 있지만 미래는 노력 여하에 달려 있다. 손아귀에 쥘 수 있는 것은 바로 이 순간뿐이다. 감각기관은 이 시시각각을 향해 열려 있다. 눈은 앞의 사물을 보고, 귀는 귓가에 울리는 소리를 들으며, 코는 주위의 냄새를 맡고, 손으로는 몸 주변의 온도를 느끼며, 입으로는 입

속에 들어온 음식을 맛본다. 눈앞의 것을 파악하는 일이야말로 생명 본체에 대한 최고의 존중이다.

지금 이 순간을 소중히 살아라

유명한 불가의 이야기가 있다. 어떤 사람이 실족해서 물 한 방울 없이 바싹 마른 우물에 빠졌는데, 떨어지면 바로 온몸이 산산조각 날 상황이었다. 이 사람은 경황이 없는 중에도 손을 마구 뻗다가 마른 넝쿨을 붙잡았다. 위를 올려다보니 사발만한 구멍으로 파란 하늘이 보였다. 아래를 내려다보니 우물 바닥에 가득한 독사들이 혀를 날름거리고 있었다. 그는 문득 찍찍거리는 소리를 들었다. 쥐가 마른 넝쿨을 갉아대고 있었던 것이다. 그렇게 조금만 더 갉으면 마른 넝쿨이 금방이라도 끊어질 상황이었다. 바로 그때, 그는 우물 벽에 이름 모를 작은 꽃들이 잔뜩 피어 있는 장면을 보았다. 앙증맞은 꽃잎들이 바람을 맞아 살랑거리고 있었다. 그는 그 모습을 보고 밝은 미소를 지었다.

이는 순간에 집중하는 극단적인 사례의 하나이다. 잠시 후 쥐가 넝쿨을 쏠아서 끊어버리면 그는 우물 바닥에 떨어져서 뼈가 부러져서 죽거나 독사들에게 물려서 죽을 것이다. 그에게 남은 시간은 몇 분 아니 몇 초일지도 모른다. 그러나 어느 누가 그가 작은 꽃들을 보며 웃는 것을 가로막을 수 있겠는가? 어느 누가 그가 누리는 작은 즐거움을 빼앗을 수 있겠는가? 한참을 양보해서 그가 말 한 마디 못하면서 비 오듯 눈물을 흘린다고 해도 어떻게 잔혹한 현실에서 구원을 받을 수 있겠는가? 이래도 죽고 저래도 죽는 상황이라면 하늘을 우러러 크게 웃지는 못하더라도 미소마저 짓지 못할 이유가 있을까?

순간에 집중하면, 미래를 분명하게 조망하면서 각성된 의식을 가지고 인생의 태도를 취할 수 있다. 어떤 사람은 말할 것이다. "우물에 빠진 사람이 들꽃을 보고 웃음 짓다니, 너무 멍청한 일이 아닙니까? 마지막 기회에 벽 틈새라도 이용해서 올라갈 궁리를 해야 합니다. 그래서 조금이라도 시간을 더 벌어야 하지 않겠어요? 구해달라고 소리를 지르면 그래도 살아날 희망이 더 생기지 않았을까요?"

나는 그런 가정을 반박할 수 없다. 비유는 늘 부족한 법이다. 이 이야기는 다만 설명을 하기 위해 한 말이다. 절망적인 순간에도 우리는 의연하게 마음의 평화를 보존할 수 있고 눈앞에서 발견한 아름다움을 발견하고 집중할 수 있다는 것을 알려주고 싶었을 뿐이다.

생명이 가장 귀한 이유는 그 길이가 아니라 그것의 넓이와 깊이에 있다. 순간을 멋지게 보낼 수만 있다면 그러한 순간들의 총합도 반드시 멋질 것이다.

생명줄을 바라보고 있으면 시간이 우리를 기다려주지 않는다는 사실을 다시금 자각할 수 있다. 생명은 한정되어 있다. 정해둔 임종의 시간을 아무리 늦춘다고 해도 결국 끝나는 날은 온다. 젊은 사람이 자기의 삶이 끝나는 날짜를 알고 있다면 나는 그것을 행운이라고 생각한다. 청춘은 멋대로 쓸 수 있지만 한도가 정해져 있다.

초봄을 허랑방탕하게 보낼 수는 있지만 여름은 그렇게 보낼 수 없다. 봄날에 씨 뿌리는 일을 잊었다면 절기가 지나고 나서 수확할 수 있는 곡식도 만족할 만큼 얻을 수 없다.

나의 생명줄의 주인은 나

생명줄은 남의 손에 쥐어져 있지 않다. 생명줄의 주인은 오직 한 사람뿐이고 그 사람은 바로 나이다. 생명줄이 길든 짧든 내가 그려 나가는 것이다. 세심하게 찾으면 희귀한 그림자가 생명줄 주위에 출몰하고 있음을 발견하게 될 것이다.

나는 한 소녀가 그린 생명줄이 45세에서 멈춘 것을 본 적이 있다. 너무 짧다는 생각이 들었다. 중국의 평균 수명은 70세가 넘고, 여성의 기대 수명은 그것보다 더 길다. 나는 물었다. "왜 생명줄을 그렇게 짧게 그렸습니까? 사는 게 별로 재미가 없나요?" 소녀가 대답했다. "정반대예요. 저는 사는 게 무척 좋고 재미있어요." 나는 말했다. "그렇다면 이상한 일이네요. 사는 게 그렇게 좋으면 더 길게 그려야지 왜 중간에서 끊었나요?"

그녀가 대답했다. "외할머니는 45세까지만 사셨어요. 제가 외할머니보다 더 오래 살아야 할 이유가 있을까요?" 나는 말했다. "외할머니가 당신에게 그렇게 각별했나요?" 그녀는 눈시울이 그렁그렁해지더니 이렇게 말했다. "외할머니는 저를 많이 아껴주셨어요. 할머니가 돌아가신 뒤로 저는 세상 사람들이 45세 넘게 사는 게 의미가 없다는 생각이 들어요."

그날 우리는 그 문제에 관해 한참 의견을 나누었다. 한 사람의 생명줄이 이토록 죽은 사람의 영향을 강하게 받고 있었던 것이다. 이것은 분명 손녀를 아끼던 외할머니가 생각하지 못한 일일 것이다. 그 소녀는 외할머니의 사랑을 자신에 대한 벌로 짐 지웠다. 심지어 자기 인생을 계획하면서도 제약과 영향을 받았다. 나는 그녀에게 농담을 했다.

"다행스럽게도 우리가 오늘 이 놀이를 함으로써 당신 마음속에 숨어 있던 어두운 흐름을 알게 되었어요. 그렇지 않았으면 당신은 45세가 되기 전에 중병에 걸려서 생명에 강력한 위협을 받았을 것이에요. 이런 불량한 암시는 우리 잠재의식 속에서 받아들이게 되거든요. 잠재의식이라는 체계는 영리하다고 생각하면 우리 의식에서 해결할 수 없는 어려운 문제를 해결하고 가르쳐줄 수 있어요. 하지만 멍청하다고 생각하면 많은 경우에는 재주를 피우려다가 일을 망치고 말지요. 잠재의식이 시시각각 당신의 정보를 감시하니까요. 당신은 스스로에게 이렇게 말하고 있어요. '나는 45세까지 살지 못할 거야.' 그러면 잠재의식은 그 말을 당신의 진정한 바람으로 받아들이고 열심히 작업을 합니다. 그래서 그 정해진 기간 내에 당신에게 중병을 앓게 하면서 그게 당신을 돕는 것이라고 생각해요. 하지만 사실 그건 당신이 진정으로 원하는 바가 아닙니다."

소녀의 눈가에 고인 눈물은 깜짝 놀라 말라버렸다. 긴장한 소녀가 말했다. "놀라게 하지 마세요. 정말인가요?" 나는 말했다. "수많은 연구가 그 사실을 증명했어요. 물론 절대적인 것은 아닙니다. 작은 질병마다 그 배후에 이런 의미가 있다는 말도 아니에요. 하지만 수많은 질병에는 확실히 의미가 있고 생명과 연관되는 것은 조금이라도 가볍게 다루면 안 됩니다. 일반적으로 관련된 투시 도법으로 발병 원인을 연구해보면 우리가 의식하지 못하는 감정과 정보가 증상으로 나타나서 병이 나거나 약도 소용 없어지는 경우가 발생하기도 합니다.

생명줄과 관련해서 당신과 연관된 정보가 많이 나와 있어요. 이런 귀한 정보 중에서 잘 아는 것을 이으면 당신 마음속의 지도를 만들 수가 있어요. 예컨대 생명줄에 원하는 대로 숫자를 적는 것도 기본적으로 의미가 있어요. 그러나 그 의미는 남이 해석할 수가 없어요. 나의 지혜와 기억으로 해석해야 해요. 그것들을 놓치지 마세요. 그렇게 찾아나가는 방식은 고통스럽기는 하지만 당신에게 큰 도움이 된답니다."

젊은 친구가 한 사람 있다. 그가 부딪힌 어려움은 생명줄의 왼쪽에 아무리 찾아봐도 기록할 것이 없다는 사실이었다. 그의 생명줄의 과거 부분은 공백이었다. 무척 놀란 나는 그에게 물었다. "설마 지금까지 살면서 당신이 감동을 받았거나 상처받았던 일, 기뻤던 일이 아무것도 없다는 말씀은 아니겠지요?"

그는 자신은 아무런 죄가 없다는 눈빛으로 나를 바라보면서 말했다. "기록할 만한 일이 전혀 떠오르지 않아요. 하지만 생명줄 오른쪽, 미래 부분에는 해야 할 중요한 일들을 많이 적었어요. 이를테면 나중에 뛰어난 과학자가 될 거라든가, 세계 일주를 할 거라든가, 미녀를 아내로 얻어서 아이를 많이 낳겠다든가, 물론 가족계획을 위반해서는 안 되겠다든가……. 저는 외국에 이민 가서 살 가능성이 높아요."

나는 그의 생명줄을 꼼꼼하게 살펴보았다. 왼쪽은 텅 비어 있었고 오른쪽은 빽빽하게 가득 차 있다. 그가 하는 말에는 아무런 문제도 없어 보였지만 나는 어딘가 문제가 있다는 생각이 들었다.

훗날 나는 그와 이야기를 나누다가 이렇게 말했다.

"당신은 스스로의 전반생은 한 일이 없다고 생각하고 있어요. 그래서 모든 희망을 후반생에 걸고서 자신과 모두에게 공수표를 날리고 있어요. 나는 전반생에 이룬 일이 아무것도 없는 사람이 후반생에 열매를 풍성하게 맺을 것이라고는 생각할 수 없습니다. 물론 오랫동안 쌓았다가 성과를 만들어내는 대기만성형의 사람도 있겠지요. 하지만 그들은 당신과 달라요. 그런 사람이 생명줄을 그린다면 당신처럼 비관적이지는 않을 것이라고 생각해요. 그들이라면 시도했다가 성과를 거두지 못한 단련 과정을 솔직하게 적었을 것입니다. 그 사람들은 그들이 쌓아온 것을 잘 알고 있어요. 하지만 당신은 기초가 부족해요."

그 젊은이는 내 말을 듣고는 갑자기 화가 솟구쳤는지 말했다.

"제가 뭘 써야 하나요? 유치원 입학할 때부터 초등학교, 중학교, 고등학교를 지나 대학에 입학할 때까지 부모님이 모든 것을 해결해주었어요. 그것은 제 공이 아니고 제 업적이라고도 할 수 없어요.

도대체 저보고 뭘 쓰라는 것이지요?"

나는 그가 화내는 모습을 보고 오히려 그를 이해하게 되었다. 무엇이 그를 화나게 했는지 깨달았다. 나는 말했다. "이전에는 부모님의 우산 밑에서 지냈기에 나의 노력으로 제대로 생활해본 적이 없고 그래서 생명줄 앞부분이 텅 빈 것이 아닌가요?"

그가 대답했다. "바로 그것입니다."

나는 말했다. "저는 그 대목에서 당신이 바꾸고 싶어 하는 마음을 알아냈어요. 하지만 이왕 바꾸려면 지금 이 순간부터 바꾸기 시작해야 합니다. 저는 당신이 20여 년간 사는 동안 스스로 한 일이 하나도 없다고는 생각하지 않아요. 당신이 그런 일을 찾지 못하면 앞으로도 변화하기 힘들어요."

그는 정말 열심히 생각하더니 말했다. "제가 혼자 한 일이 한 가지 있습니다. 대학에 입학할 무렵인데, 남쪽에 살다가 북쪽에 있는 학교로 들어간 것이라 사람도 지역도 모두 낯설어서 부모님은 꼭 저를 학교에까지 바래다주려고 했어요. 그때 저는 말했어요. '저 혼자 갈게요. 이젠 저도 초등학생이 아닌걸요.' 훗날 제가 다시 고집을 부려서 부모님은 처음 먹었던 마음을 포기하고 저 혼자 학교에 가는 데 동의했습니다. 그러나 그 일은 정말 작고 평범한 일이에요. 저보다 더 먼 곳에 사는 친구들도 혼자 학교에 갔는걸요. 이게 쓸거리가 될까요?"

나는 말했다. "꼭 적어야 해요. 길이 멀지 않았더라도 그건 당신이 처음으로 해낸 일입니다. 당신의 생명줄에서는 무척 큰일이에요."

뒤에 나는 그 남학생이 생명줄의 왼쪽에 정중하게 '21세, 대학에 처음으로 혼자 등교하다'라고 적는 것을 보았다. 이런 발견과 긍정은 그에게 무척 새로운 경험이었다. 스스로 계획하는 일정에서 이러한 감각은 승리하기 위한 소중한 수단 중 하나이다. 다만 그가 일단 그 도구를 얻었으면 포기하지 않기를 바란다.

앞으로 할 일이 많아서 생명줄 오른쪽 상단은 비바람이 몰아쳐도 끄떡없다면 내가 선의의 제안을 하나 하겠다. 생태계 균형에 신경 쓴다고 모를 죄다 솎아내서야 쓰겠는가? 열 가지 일을 대충 하는 것보다 한 가지 일을 확실하게 처리하는 것이 낫다는 말이 있다. 한 사람의 정력에는 한계가 있다. 초인적인 재능과 엄청난 행운이 없다면 모든 곳에서 화려하고 풍성한 결과를 얻을 수 없다. 계획이 부족하고 뒤떨어져 있다면 내가 한마디 하고 싶다. 이 말은 내가 한 말이 아니라 위대한 인본주의 심리학자 매슬로Abraham Harold Maslow가 한 이야기이다.

"당신이 의도적으로 무거운 것을 피하고 가벼운 것만 취한다면, 즉 온힘을 다해야 해낼 수 있는 일보다 간단하게 해낼 수 있는 일만 하고 있다면 나는 당신에게 경고한다. 당신이 앞으로 맞을 날들에 당신은 무척이나 불행할 것이다. 당신은 늘 당신의 능력을 발휘할 수 있는 모든 기회와 가능성을 피할 것이기 때문이다."

나는 늘 분노를 가득 품고 있으면서도 쏟아낼 곳이 없는 사람들을 만난다. 그들은 대부분 세상이 부당하게 자신을 대하고 있다고 생각한다. 그들이 그토록 분노하는 이유에 대해서 나는 오랫동안 해답을 찾지 못했다. 훗날 매슬로의 이 글을 읽고 난 다음에야 크게 깨달았다.

생명의 에너지를 끝까지 쏟아내라

부정적인 사고를 하는 사람은 사물에 대해서도 영원히 부정적인 측면만 읽어낸다. 늘 원망할 핑계를 찾아내고 결국 부정적인 결과를 얻는다. 그리고 부정적인 결과는 거꾸로 부정적인 사고를 강화시킨다. 그럼으로써 더 부정적인 사고를 하는 사람이 되는 것이다.

행복은 일종의 주관적인 감각이다. 나의 잠재력을 정상적으로 발휘할 수 있는 통로를 주지 않으면 아무리 재능을 가지고 있다고 해도 소용이 없을 테고 그러면 행복할 수 없을 것이다. 자기 사업에 헌신하는 사람 모두가 성공하는 것은 아니지만 그들은 일을 즐기고 피곤해하지 않는다. 나의 능력으로 상대할 수 있는 영역을 찾았기 때문이다. 이러한 탐색 과정에서 그들은 진정한 기쁨을 얻는다. 이미 가진 능력보다 낮은 수준의 일을 하면 겉으로는 위험도를 낮추는 것처럼 보일 것이다. 내가 안전도가 더 높은 항구에서 바람을 피하고 있다고 생각할지 모르지만 정작 나의 가장 귀중한 능력을 속박하고 얽어매고 가두는 결과를 초래하고 말 것이다. 잠재력은 풀려날 동력을 얻지 못하고 그저 고뇌의 원천으로 변할 것이다. 또한 몸속에서 끊임없이 질주하며 나의 주목을 이끌어내서 나의 방식을 바꾸고자 애쓰고 있다. 나의 잠재력으로 하여금 원대한 계획을 펼치게 해야 한다.

불행하게도 기존의 패턴에 빠진다고 해도 내 스스로 강해져서 나를 구하면 된다. 생명줄의 오른쪽을 보라. 내가 피하는 일인가? 내 능력이 감당할 수 있는 일인가? 끊임없이 내 기준을 낮추려고 애쓰고 있지 않은가? 이렇게 하는 것을 나에 대한 책임이라고 생각하지만 오히려 생명의 에너지를 끝까지 쏟아내지 않는 것이야말로 나에 대한 가장 큰 무책임이다. 나라는 이 유기체 속에 도대체 얼마만큼의 불꽃이 담겨 있는지 부딪혀보지 않은 이상 아무도 알 수 없다.

어떤 사람은 말한다. "나는 지금 내 생명줄을 그려서 청사진을 작성해보았는데 나중에 바꿀 수 있을까요?" 놀이를 너무 신통하게 생각하지는 마라. 놀이는 그저 우리의 경각심을 일깨워서 복잡한 현대 생활 속에서 조금이라도 시간을 내서 나 자신을 멀리 바라보고 나에게 속한 길을 내보자는 의미로 하는 것이다. 몇 년 뒤 계획이 바뀔 수도 있지만 멀리 바라보는 작업은 필요하다. 큰 방향성은 언제나 필요하고 변화도 마찬가지이다. 미래의 변화가 필요하지 않으면 오늘 우리는 결정을 하려고 하지 않는다. 만약 평생 변화를 필요로 하지 않는 사람이 있다면 그는 선견지명을 가지고 엄청난 오성과 탁월한 견식과 같은 천부적인 재능을 지닌 사람이거나 딱딱하게 굳어버린 화석일 것이다.

늘 나무 위에 매달린 풍성한 열매만 바라지 말고 성심성의껏 가장 흥미롭게 생각하는 일을 해보기 바란다. 흥미를 느꼈다면 몇 년 뒤 다시 10분간 이 놀이에 투자하기 바란다. 예전에 작성했던 백지를 찾아서 비교해보라. 겹치는 대목도 있고 수정된 대목도 있을 것이다.

35년 전 나는 시짱西藏에서 군복무 중이었다. 산도 높고 길은 먼데, 큰 눈으로 가로막힌 곳이었다. 깊은 밤에 하늘을 바라보면 그곳이 하늘에서 가장 가까운 곳이었다. 별들은 크고 밝았다.

내 뒤에는 막 사망한 전우가 편히 잠들어 있었다. 그의 생명이 나의 생명과 다름없이 귀하다는 사실을 알고 있지만 그의 생명은 중간에 끊긴 것이다. 나는 하늘에 대고 맹세했다. 이 생애에 내가 가진 모든 것을 아끼고 남을 위해서 기도할 것이라고.

건강한 육체와 튼튼한 마음이 있어야 우리는 이 세계와 평화롭게 살아갈 수 있다. 한 사람의 존엄은 생명이 부여한 영예이다. 그리고 인류의 건강과 존엄은 따로 떼어낼 수가 없다. 이 사실은 사스(SARS, Severe Acute Respiratory Syndrome, 중증 급성 호흡기 증후군)라는 미증유의 전염병으로 순직한 국경 없는 의사 카를로 우르바니Carlo Urbani●가 먼저 확인해준 바 있다.

나는 순수하고 소박했던 시대를 좋아하고 거리낌 없고 용감한 사람을 존경한다. 대지와 같은 생명 속에서 녹색 풀이 무성하고 세 가지 색의 꽃이 경쟁하듯 피기를 바란다. 더러 벌레가 있다고 해도 딱따구리가 있을 것이다. 나는 나의 노력으로 땅에 뿌리를 내리고 새싹을 틔우며 이제 금빛 물결을 이룬 보리이삭을 좋아한다. 그 빛이 뽐내기 위해서가 아니라 어두운 밤 나의 얼굴을 차분하게 비추는 데 사용되기 때문이다.

지금까지 나를 알기 위한 일곱 가지 마음 놀이를 완성했다. 이 과정을 잊지 말기를 부탁한다. 나를 돌아보는 일은 결국 나를 구원할 뿐만 아니라 세계를 구원하는 일이라는 사실도 잊지 말기를 부탁한다.

●세계보건기구 소속으로 기생충 분야의 전문가인 우르바니 박사는 변형폐렴 증세를 보여 하노이의 프랑스 병원에 입원한 중국계 미국인 사업가 조니 첸의 증세가 심상치 않은데다 자칫 자신에게도 치명적인 결과를 가져올 수도 있다는 사실을 잘 알면서도 환자 곁에서 10일 동안 머물며 진전 상황을 유심히 관찰하는 등 의사로서 최선의 노력을 기울였다. 그는 병원과 정부에 사태의 심각성을 설명한 뒤 전염을 방지하기 위해 환자격리 등 특단의 대책을 마련하도록 요청하는 한편 세계보건기구 질병 전문가들을 베트남으로 불러들여 특별대책반을 구성하도록 권고해 결국 정부의 동의를 받아내는 데 성공했다. 그는 세계보건기구 지역전문가회의 참석차 태국 방콕에 도착하자마자 이상증세를 보여 병원에 입원한 뒤 18일 만에 46세로 운명을 달리했다. 훈장 수여식에서 짠 티 쩡 치엔 베트남 보건장관은 "비록 베트남에서는 사스가 억제됐지만 우르바니 박사와 프랑스 병원 소속 의료진 5명 등 모두 6명의 값비싼 희생을 치러야 했다"면서, 특히 "우르바니 박사가 보여준 숭고한 인류애와 헌신을 결코 잊어서는 안 된다"고 강조했다-옮긴이

나의 오른손을 아는가?

『마음 놀이』는 내가 가장 좋아하는 작품이다. 지금까지도 나는 종종 친구들과 함께 책 속에 쓰인 놀이를 해본다. 무척 곤혹스럽고 어떻게 하면 좋을지 모를 때 이 놀이를 한다. 배운 것을 다시 복습하는 것처럼 문제를 풀어본다. 그럴 때마다 나는 큰 효과를 얻는다. 이 놀이들은 마치 오랜 친구처럼 내가 오랫동안 끙끙거리던 문제를 해결해준다. 놀이를 하느라 골똘히 생각에 잠기면 비로소 내가 곤혹스러워했던 사건의 진상이 드러나고 해결책이 떠오른다. 나의 은사인 홍콩 중문대학의 린멍핑林孟平 교수님과 내 인생의 선택에 대해 이야기를 나누다가 내가 마지막 결정을 내릴 때는 '나의 가장 중요한 다섯 가지는 무엇인가'라는 놀이에 의지한다고 이야기한 적이 있다. 린 교수님은 이렇게 말씀하셨다. "나는 자네의 선택을 이해하고 찬성하네. 그 놀이가 자네를 도울 수 있다니 기쁘군."

『마음 놀이』가 출간된 지 3년이 지났는데, 나는 그동안 독자들에게 수천수만 통의 편지를 받았다. 편지는 내 서재에 산처럼 쌓여 있다. 내가 칼로 조심스레 편지봉투를 뜯을 때마다 온기가 느껴지는 마음들이 재잘거리며 뛰쳐나오는 것 같다. 편지를 읽노라면 내 마음에도 깊은 울림이 전해져온다.

한번은 덕성과 명망이 높은 학자이자 학술원 회원인 한 사람이 편지를 보냈다. 〈성실하게 책에 있는 놀이를 다 마쳤는데, 깨달은 바가 있어서 글을 씁니다. 저자와 이야기를 해보고 싶었습니다. 어떤 대목은 무척 심오해서 단번에 이해가 되지 않더군요. 감탄한 나머지 어떤 분이 이런 글을 썼는지 정말 만나보고 싶었습니다. 저는 당신이 학술원 회원쯤 되는 엄청난 학식의 소유자라고 생각했습니다!〉 그는 이 얇은 책에 대해 '심오'하다는 이야기를 전해왔다.

한 초등학생도 편지를 보내왔다. 그는 부모가 사둔 책을 책꽂이에서 발견했다고 한다. 재미있게도 그는 '놀이'라는 말에 혹해서 책을 집어 들었다. 아이들이 '놀이'를 좋아한다는 사실은 누구나 다 아는 일이다. 그는 부모 몰래 책을 읽기 시작했고, 무척 간단하다고 생각하면서 혼자 모든 놀이를 완성했다. 자신이 이 책을 읽었다는 사실을 부모가 몰랐기 때문에 해답을 부모에게 보여드리지도 못했다. 이리저리 궁리하다가 나에게 편지를 보내서 설명해달라고 요청했다. 나는 화들짝 놀라서 기억을 되짚어보았다. 혹시라도 이 책에 아이가 보면 안 되는 놀이가 있는가 하고 말이다. 다시 확인해보니 다행스럽게도 잔인한 폭력이나 피비린내를 풍기는 대목은 없었다. 가급적 진리와 정의를 드러내려고 했지만 아이가 읽으면 어떨지는 미처 생각해본 적이 없었다. 특히 '나의 묘비명을 쓰라'라는 부분이 걸렸다. 초등학생에게 잡초가 우거진 무덤을 생각하게 한다는 건 너무나 먼 일이기도 하고 잔인한 일이 아닐까 걱정이 되었다. 나는 그가 그 문제에 어떤 답을 썼는지 부랴부랴 확인해보았다. 아이가 자기 묘비명으로 정한 글은 다음과 같았다.

'여기 한 목동 깊이 잠들다.'

선승이 쓴 것처럼 의미심장한 묘비명 앞에서 나는 말문이 막히지 않을 수 없었다. 나는 이 작은 책이 이토록 많은 사람들의 관심을 불러일으킬 줄은 미처 생각하지 못했다. 학술원 회원인 독자는 '심오'하다고 말하고, 초등학생은 '간단'하다고 말하는 책이라니, 도대체 어떤 책이기에 이렇게 상반된 평가를 받게 된 것일까? 나는 그 답을 알지 못한다. 그 답은 여러분이 더 잘 알 것이다. 다만 일곱 가지 놀이로 자신을 들여다볼 수 있기를 바랄 뿐이다.

일곱 가지 마음 놀이를 끝낸 독자들에게 작은 놀이를 하나 더 알려드리겠다. 독자에게 드리는 작은 선물이다.

백지를 한 장 준비하라. 칸을 그리지 않은 백지면 된다. 백지가 없으면 다른 색의 종이도 무방하다. 하지만 주의해야 한다. 검은색 종이는 쓰면 안 된다. 꼭 검은색 종이를 써야겠다면 금색이나 은색 펜을 준비하라. 이런 필기구를 준비하려면 아무래도 번거로우니까 밝은 색 종이가 좋을 것이다. 종이 규격은 가능하면 조금 큰 게 좋다. 적어도 A4 사이즈는 되어야 한다. 몸집이 작은 사람이면 종이가 조금 작아도 괜찮다. 하지만 덩치가 큰 사람이라면 더 큰 종이를 준비해야 한다. 농구를 할 것도 아닌데, 종이 크기가 덩치가 크고 작은 것과 무슨 상관이냐고 궁금해할 사람이 있을 것이다. 이제 알게 될 것이다.

종이가 준비되면 펜을 하나 준비해야 한다. 색이 있는 펜이면 아무것이나 좋다. 만년필, 볼펜, 수성펜 모두 가능하다.

물론 종이가 검은색이 아니라는 전제가 깔려 있다. 세 번째로 준비할 것은 작은 가위이다. 일반적인 문구용 가위면 된다. 문구용 가위가 없다면 천을 자르는 가위나 손톱을 자를 때 쓰는 가위라도 괜찮다. 주방용 가위도 좋다. 이제 이 세 가지 물건을 테이블 위에 놓은 다음 손바닥을 아래로 한 채 오른손을 종이 위에 올려놓으라. 놀이를 정식으로 시작하겠다.

이때 고개를 들고 물을지도 모르겠다. "이 놀이 이름이 무엇인가요?"

이 놀이의 이름은 '당신의 오른손을 파악하기'이다. 그러면 또 물을 것이다. "내 오른손은 당연히 알고 있는데요. 내 몸에 붙어 있고, 매일 보는데 내가 내 손을 모르고 있다는 말씀인가요?"

이렇게 묻는 것도 당연하다. 그래도 일단 손을 종이 위에 놓아보라. 놀이가 끝난 다음 대답하겠다.

오른손을 종이 위에 둔 다음 왼손으로 필기구를 들고 오른손의 윤곽을 따라서 그려보라. 그리고 손목 약간 아래쯤에서 멈춰라. 물론 왼손잡이라면 왼손을 종이 위에 놓고 오른손으로 필기구를 잡고서 왼손의 윤곽을 따라 그리면 될 것이다. 이 놀이의 첫 단계가 끝났다. 이제 손 모양이 그려진 종이를 가지게 되었을 것이다. 다른 사람의 손이 아니라 바로 나의 손이다. 우리는 이 손을 가지고 많은 일들을 한다. 밥 먹기, 글씨 쓰기, 청소, 책장 뒤적이기, 손들고 맹세하기, 방아쇠 당기기, 컴퓨터 자판 치기, 부모 시중들기, 칫솔질 하기…….

종이를 들고 자세히 살펴보라. 아마 놀랍기도 하고 기이하게 느껴지기도 할 것이다. 아침저녁으로 보던 손이지만 이런 각도에서 관찰한 적은 드물 것이다. 낯선 사람의 손처럼 느껴지지 않는가? 깊이 잠들었을 때 다른 사람이 나의 손 윤곽을 따라 그린 다음 그것을 백여 명의 손 모양 그림과 함께 섞는다면 아무런 망설임도 없이 나의 손을 찾아낼 수 있을까?

많은 사람들이 불가능하다고 말할 것이다. 그럼 증명이 된 것이다. 이렇듯 나 자신을 반드시 알고 있다고는 말할 수 없는 것이다. 나와 밀접하게 연관된 중요하면서도 간단한 부분인데도 말이다.

다음 단계는 친구나 친척 또는 동료를 골라서 그 사람들의 손 윤곽을 그려보는 것이다. 만날 수 있는 만큼 많이 만나서 그리면 더 좋다. 그 사람들이 무엇을 하는 것이냐고 물어볼 것이다. 그럼 확실하게 대답하라. 심리와 관계된 놀이를 하고 있다고. 이제 나의 손 모양 그림과 다른 사람의 손 모양 그림도 가지고 있다(너덧 장이면 충분하지만 더 많아도 좋다. 내성적인 사람이라면 여러 사람의 손 모양을 뜨기가 어려울 테니까 그런 경우에는 다른 한 사람의 손 모양 그림만으로 비교해도 좋다. 다른 사람의 손 모양을 뜨기 어렵다면 내가 준비한 손 모양 그림을 사용하라. 내 손이다). 그다음 단계는 이들 손 모양 그림을 마구잡이로 섞는다. 카드를 섞는 것처럼 섞는다.

우리 앞에는 손 모양 그림이 한 무더기 놓여 있다. 다음 단계로 넘어가 보자. 이 손 모양 그림 중에서 내 손을 찾는 것이다. 방금 전 한 차례 비교하고 관찰하였으니 이번에는 비교적 쉽게 내 손 모양 그림을 찾아낼 수 있을 것이다. 스스로의 손을 알기 위한 첫걸음을 뗀 것이다. 이제 공작 실력을 보겠다. 가위로 손 모양 윤곽을 따라 자른 다음 함께 모아놓으라. 무엇이 보이는가?

자른 손 모양이 결코 겹쳐지지 않는 것을 발견했을 것이다. 어떤 손 모양도 완벽하게 일치하는 게 없을 것이다. 엄지손가락이 맞으면 새끼손가락이 어긋나고, 새끼손가락이 맞으면 손바닥 부분이 겹쳐지지 않을 것이다. 어떤 손은 두툼하고 어떤 손은 말라서 비교하기조차 힘든 경우도 있을 것이다.

이제 나의 손 모양을 찾을 수 있겠는가? 내 생각에는 분명히 가능할 것이다. 그것도 아주 빠르게, 수많은 손 모양이 있어도 한눈에 알아낼 수 있을 것이다. 왜냐하면 이미 나의 손 모양을 확실하게 기억하고 있기 때문이다. 여기까지 놀이는 끝났다. 하늘 아래 같은 손은 하나도 없다. 완전히 똑같은 사람도 없다. 모든 사람은 자신만의 특징이 있다. 우리 모두는 이렇게 각기 다르다.

바로 이런 이유 때문에 나는 고귀하고 신성하다. 나 자신을 아끼고 잘 대해주는 일은 이처럼 나 자신을 파악하는 데에서 시작된다. 열심히 노력해서 나의 두 손으로 나만의 세계를 파악해보기를 모두에게 부탁한다.

여기에 내 손으로 놀이한 결과물이 있다. 백지 위에 있는 이것이 내 손
자국이다. 내 손자국을 여기에 그려둔 것은 당신의 손자국과 겹쳐보라는 뜻
이다. 이렇게 우리 두 사람의 손자국을 겹치면 마치 상대방의 손을 꼭 잡
는 것처럼 서로를 알게 될 것이다. 서로 손을 잡고 가볍게 흔들면서 서로
의 안부를 묻고 서로의 기쁨과 걸심을 밝혀보자.

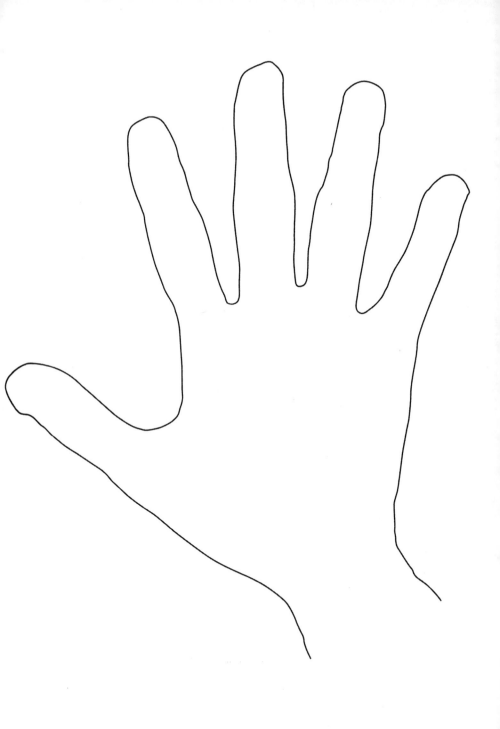

마음 놀이

내 마음의 주인이 되는 일곱 가지 심리치유 프로젝트

1판 1쇄 발행 2012년 3월 30일

지은이 비수민
옮긴이 조성웅

펴낸이 이영희
펴낸곳 도서출판 이랑

주소 서울시 마포구 서교동 351-10 동보빌딩 201호
전화 02-326-5535
팩스 02-326-5536
이메일 yirang@hanmail.net
등록 2009년 8월 4일 제313-2010-354호

ISBN 978-89-965371-5-1 03320

이 도서의 국립중앙도서관 출판시도서목록(CIP)은 e-CIP홈페이지(http://www.nl.go.kr/ecip)와 국가자료공동목록시스템(http://www.nl.go.kr/kolisnet)에서 이용하실 수 있습니다. (CIP제어번호: CIP2012001260)